MANUAL DO CANALHA

Uma estética machista para o terceiro milênio

Simão Pessoa

MANUAL DO CANALHA

Uma estética machista para o terceiro milênio

2ª edição revisada e aumentada

Copyright © Simão Pessoa, 2009

Direitos de edição da obra em língua portuguesa no Brasil adquiridos pela TOPBOOKS EDITORA. Todos os direitos reservados. Nenhuma parte desta obra pode ser apropriada e estocada em sistema de banco de dados ou processo similar, em qualquer forma ou meio, seja eletrônica, de fotocópia, gravação etc., sem a permissão do detentor do copyright.

Editor
José Mario Pereira

Editora assistente
Christine Ajuz

Revisão
Ana Lucia Gusmão Machado

Capa
Julio Moreira

Diagramação
Filigrana

TODOS OS DIREITOS RESERVADOS POR
Topbooks Editora e Distribuidora de Livros Ltda.
Rua Visconde de Inhaúma, 58 / gr. 203 – Centro
Rio de Janeiro – CEP: 20091-000
Telfax: (21) 2233-8718 e 2283-1039
Email: topbooks@topbooks.com.br

Visite o site da editora para mais informações
www.topbooks.com.br

Sumário

Introduzindo a cabecinha 9
Como receber com elegância 13
O convidado que todos querem convidar 23
Macetes do bom gourmet 33
A arte milenar da paquera 47
O que elas querem é phoder 69
Barangas, dragões e outros bichos escrotos 87
Doenças sexualmente transmissíveis 125
Enfrentando problemas sem perder a classe 135
O estilo profissional do futuro 159
Dormindo com o inimigo 175
Casamento: você ainda vai ter um 213
Bibliografia 233

Para Edson Aran e Xico Sá, gênios da raça.

Capítulo 1

Introduzindo a cabecinha

Desde que Robert Bly, o poeta de Minnesota, fundou o movimento dos machos, muitos têm sido os pensadores, intelectuais e pesquisadores que se empenham em conhecer e até estudar essa religião surpreendente chamada renascimento do homem integral ou *new mankind*.

Se o machismo floresce em nossas sociedades irrequietas, se seus princípios encontram cada vez mais eco junto a quem não é bicha nem gilete, é porque aparentemente traz respostas convincentes às perguntas cruciais que se colocam às pessoas mais consequentes: mulher feia tem orgasmo? E mulher bonita? Em se tratando de trepar, é melhor casar ou comprar uma escada? Escada ou bicicleta? Será o homossexualismo uma forma de vida mais satisfatória? Oferece promessa de um futuro seguro? Estará realmente resolvendo o problema de superpopulação do planeta? Será o bafo no cangote ou o dedão no calcanhar uma forma superior de demonstração de afeto? Fresco mija em pé?

É perguntando, indagando, analisando, perquirindo e reclamando que amanhã não repetiremos os erros de ontem. Quanto a hoje, limitemo-nos a denunciar como principais vias condutoras do machismo as vovozinhas cândidas, as mulherzinhas dondocas, as mãezinhas possessivas, as teenagers muito dadas, as lésbicas antipáticas, a ditadura clitoriana das feministas, a viadagem desenfreada dos *clubbers*, a proliferação exponencial de cornos mansos e uma meia dúzia de colunistas sociais que insistem em alardear que trepar com homem dá câncer.

Mas, afinal de contas, o que é machismo? É impossível dar-se uma definição racional sem cair imediatamente na armadilha metafísica que ele encobre. Sem dúvida, uma das razões do atual sucesso do machismo no Ocidente é esse seu aspecto voluntariamente provocante, subversivo, em que a lógica está em xeque. Encerrados num universo técnico desumano, vemo-nos condenados a vagar pelos labirintos criados pelos politicamente corretos, em que até paquerar pode dar cadeia. O machismo parece poder nos fornecer a chave da saída, ao propor uma nova interpretação desse mundo caótico, sem sentido, cheio de mariquinhas, críticos de arte e mulheres que não conseguem chegar ao orgasmo.

O machismo provoca um curto-circuito no raciocínio, torpedeia as abstrações e remete brutalmente à experiência imediata do homem, aos atos banais de nossa vida cotidiana. Extremamente pragmático, o machismo não se prende a discursos tortuosos ou especulações vazias. Age diretamente sobre a realidade e limita-se a constatar os fatos, desmascarando-os, num patamar filosófico sem a menor concessão política, religiosa ou moral. Para aprender a teoria e a aplicação prática do machismo, é indispensável impregnar-se de sua simplicidade, de seus métodos satíricos e de seu pragmatismo, em geral, desconcertante.

Seria inútil discorrer, na presente obra, sobre as incontáveis controvérsias que abalaram o machismo desde o desaparecimento de seu fundador, Nicholas Chauvin, e de seu maior divulgador brasileiro, o inesquecível Carlos Imperial. Os pontos de doutrina que evocamos constituíram objeto de dúvidas, divergências e rupturas. Uns insistem na experiência corporal, outros privilegiam a compreensão direta, a apreensão intuitiva. Mas uma coisa é certa: a experiência última, o despertar do verdadeiro macho não pode tornar-se objeto de especulação ou finalidade de uma ascese. Consiste numa inversão mental, num paradoxo metafísico, intraduzível verbalmente.

De agora em diante estaremos de posse não de uma explicação, mas de uma perspectiva, de um plano superior, de uma verdadeira carta náutica que aliviará e tranquilizará a mente do macho moderno, tomada por preocupações tão fugazes quanto inúteis, como o fato de querer saber se sua companheira atingiu o orgasmo. Se ela não atingiu, o problema é dela. Afinal de contas, ninguém tem culpa de ela não ter piroca.

Capítulo 2

Como receber com elegância

Uma das maiores dificuldades do macho moderno é saber receber visitas em grande estilo, mesmo que seja apenas aquele entregador de pizzas com pinta de boiola. Receber bem é parar de se preocupar com regras rígidas e não acreditar naquela história de que o dono da casa é o único que não se diverte. Isso é frescura.

O importante é que você saiba oferecer um jantar para os amigos do peito sem passar pela noia posterior de ter de revistar um por um pra saber se os sacanas não estão roubando cinzeiros, livros ou talheres. E não esquecer de incluir uma meia dúzia de vagabundas, para a sobremesa.

Esteja elegante para receber as visitas. Dependendo do horário, durante o dia você pode usar aquela cueca samba-canção que deixa um dos ovos aparecendo. Se for à noite, aquele bermudão Lee bem folgado, cortado à tesoura, com a barra esfiapando, e, claro, sem cueca. Bermudão com cueca é coisa de viado.

A não ser em pouquíssimas exceções, como festas de casamento, batizados e chás de beleza, ninguém mais manda convites impressos. Isso é coisa de mulherzinha querendo bancar a descolada ou de artista plástico viado inaugurando instalação de vanguarda em alguma bienal.

O cabra que é macho apenas telefona. E, se do outro lado da linha atender uma secretária eletrônica, ele desliga na cara e ainda manda tomar no cu. Secretária eletrônica é coisa de viado.

Falta de espaço não é motivo para você se privar de receber. De receber amigos, bem entendido. Bem entendido no bom sentido. O número de convidados deve ser determinado pelo conforto que você pode oferecer (quantidade de camas e redes existentes no local, lençóis limpos disponíveis, número de quartos que fecham por dentro etc.). Importante: conforto, em absoluto, não significa sentar em almofadas pelo chão. Além da cãibra miserável que ataca os não praticantes de ioga, sentar em almofadas pelo chão parece coisa de viado.

Não ter rios de dinheiro sobrando também não deve ser impeditivo para levar suas amigas e amigos (a relação ideal é de duas amigas pra cada amigo) em casa. Pelo contrário: sai mais barato que pagar motel, mesmo que suas amigas sejam do tipo que assalta geladeira. Sempre pode ter uma revanche quando você pintar na casa de uma delas. Com uma vantagem adicional em relação ao motel: depois que comer uma das garotas você não vai precisar dirigir, sonolento e cansado, durante a madrugada, para deixar a menina em casa, lá na caixa-prego. Um dos convidados vai ser obrigado a fazer isso pra você.

O segredo de uma boa festa está em saber misturar as pessoas na dose certa. Convide pessoas que combinem entre si e com diferentes interesses. Por exemplo: a arquiteta desconstrutivista que gosta de canto gregoriano e de chupar pica, o cantor de boleros que gosta de astrologia e de mulher menstruada, a estudante de jornalismo que adora cozinha árabe e dar o cuzinho, por aí.

Se você mora sozinho, não tem empregada e trabalha o dia inteiro, o ideal é montar um cardápio simples de frios variados. Mas nada de muito complicado: peixe e frango congelados, por exemplo, é um bom começo. Depois, basta sugerir que o mulherio vá até a cozinha fazer o grude pra rapaziada e assim provar de uma vez por todas que sabem fazer outra coisa além de foder, assistir novelas e gastar dinheiro com roupas da Zoomp.

Lembre-se de que essa mulherada moderninha adora cozinhar, ainda mais se no meio delas tiver uma que ainda não deu pra você. Com certeza absoluta ela vai querer te fisgar pelo estômago. E depois pelo pau, que fica logo embaixo.

Entre amigos, e só nesse caso, não tem nada demais pedir que eles levem os birinaites. Afinal de contas, você já está fornecendo as lebres, o abatedouro, o som e o motivo para os feladaputas darem uma escapadinha da radiopatroa, não é mesmo? Comprometa-se a fornecer bebidas apenas para as vagabundas que, como você bem sabe, deve ser "leite de tigre" (nescau com cachaça) ou "calcinha de seda" (ki-suco de morango com cachaça). Capriche na cachaça.

Nada de aperitivos complicados com nomes estrangeiros, tipo Irish Coffee, Bloody Mary ou Alexander. Isso é bebida de viado. Você pode perfeitamente dizer aos convidados que a noite vai ser na base do vinho Sangue de Boi e quem não estiver satisfeito que vá tomar no cu. O importante é nunca convidar pessoas que não gostem de álcool, sexo, drogas e rock'n'roll.

Tenha sempre caixas de Engov, Epocler e Hepatovis à disposição. Evite servir cerveja Malzbier, mesmo que ainda tenha alguém dando de mamar. Se um conhecido biriteiro não está querendo encher a moringa, tenha sempre à mão um vidro de leite de magnésia; mas, neste caso, interesse-se pelo assunto: "Tás tomando Benzetacil, ô baitola? Porra, não me pegaste nenhuma gonorreia de gancho, né mesmo? Só me faltava você aparecer aqui de cavalo, igual ao Zorro!"

Não se sinta o último dos jeces-valadões somente porque o vaso sanitário está entupido e deixou à mostra aquele submarino de cinco quilos boiando placidamente nas águas barrentas do seu Solimões particular. Ninguém tem culpa de você não ser bombeiro hidráulico. Ou de ter uma betoneira no lugar do toba. Cubra a tampa do vaso sanitário com um pedaço de papel higiênico e escreva em cima: "O Ministério da Saúde adverte: cagar faz mal à saúde!" Mas é sempre bom colocar um cadeado no local e aspergir um pouco de Bom Ar.

Não é necessário ter um tipo de copo exclusivo para cada birita. Use copos comuns, desses aproveitados de embalagem de azeitonas, do tipo médio. Os talheres devem ser exclusivamente aqueles roubados de companhias aéreas ou de restaurantes metidos a besta. Idem para guardanapos, toalhas de rosto, paliteiros e saleiros. No lugar de lencinhos de papel, ofereça Modess. Os seus amigos vão ficar tão constrangidos que, mesmo que tenham coragem de limpar a boca com aquela porra, você vai acabar economizando na relação custo-benefício.

Uma forma bem adequada de encerrar o jantar e mostrar que daí em diante o bicho vai pegar é dar um puta arroto, daqueles que deixam mau cheiro no ambiente por cinco minutos, seguido de uns tapões másculos na barriga. Texto ideal: "Comi feito um condenado" ou "Comi mais do que impingem braba". Mas atenção para a etiqueta: deve-se guardar o peido apenas para ocasiões mais íntimas, como um jantar a dois com a mulher amada. Então caberá acrescentar: "Saiu quem estava preso, te esconjuro, ignorante, se não me falha a memória, o nome disso é bufante", e em seguida acender o isqueiro para dispersar odores.

A luz certa é importante para dar aconchego a uma reunião. Luz demais fere os olhos, incomoda e deixa você perceber que aquela gatinha que está dando o maior mole tem uma mancha esquisita no pescoço que bem pode ser mal de Hansen ou sarcoma de Kaposi. Luz de menos também é desagradável porque não deixa ninguém ver direito qual das vacas tem menos celulite. O ideal é a luz lateral, de abajur, sem lâmpada aparente, que deixa perceber todos os detalhes (de quem está sem calcinha a quem está de pau duro) e dá um reflexo amarelo-dourado ao ambiente.

O som não deve ser tão alto que dê impressão de um circo, nem tão baixo que dê impressão de velório. Se você for roqueiro, prefira os discos antigos de dinossauros tipo King Crimson, Santana e Creedence a essas merdas da atualidade que atendem pelo nome de Metallica, Sepultura ou Pearl Jam. Agora tem um detalhe: nem pelo caralho coloque músicas de protesto ou de dupla caipira. Até que se prove o contrário, música de protesto ou de dupla caipira ainda é coisa de viado.

Se está recebendo pessoas que não se conhecem, apresente-as dizendo sempre algo mais que o nome. Por exemplo: "Este é o José Alencastro, artista plástico consagrado, que trabalha com desenho publicitário e tem uma pomba deste tamanho" ou "Esta é a Eleni Laura, atriz e manequim de vanguarda, que acaba de ser convidada para fazer um filme em Hollywood e se amarra em dar o rabo." Só aí você já criou os mais variados temas de conversa.

Não demonstre preferência especial por um único convidado, mesmo que seja aquela menina gostosa que você ainda não comeu. Circule, fale com todos, puxe assunto, recite ditos espirituosos, não deixe a conversa morrer nem o tesão acabar. Cabe a você quebrar qualquer momento de impasse apagando a luz da sala, dando uma dedada na bunda de alguém, contando uma piadinha bem sórdida ou escalando uma das vadias para começar o jogo da verdade, aquele que se paga as prendas tirando a roupa.

Preste atenção em copos vazios e cinzeiros cheios. Só isso: preste atenção. Quem quiser que encha o copo ou esvazie o cinzeiro, você não é empregado de ninguém. Não dá outra! Mesmo para o mais inveterado fumante, o cheiro de cigarro velho é muito desagradável e mais cedo do que você pensa ele vai ter de tirar a bundinha da cadeira e ir lá fora, esvaziar o cinzeiro. É nessa hora que você deve chegar naquela guria que ele estava quase ganhando e segredar que o filho da puta sofre de gonorreia crônica e tem herpes na boca.

Se alguém derrubar bebida no carpete, antes de tudo, minimize o problema, mas não pare de ofender a genitora do desastrado enquanto ele não tiver limpado tudo com detergente. O que vai ofender a pessoa (e aí está o grande segredo) não é tanto a possível mancha no carpete, mas passar por débil mental na frente dos outros.

Se um dos convidados é um tímido incurável e está um pouco isolado, traga-o para perto do grupo e peça a ele pra mostrar os pontos da sua operação de fimose para as mulheres presentes. Se ele se recusar, convoque os mais fortes da turma para ajudar a tirar a calça dele na marra. Mas a cueca só deve ser escondida se todo mundo já estiver completamente bêbado.

Se um convidado esbarrar e quebrar aquele precioso vaso de porcelana, herança de sua bisavó e que vale uma fortuna incalculável, não faça cara de choque ou um gesto de desespero: meta três azeitonas na testa do safado e jogue o corpo dele na área de serviço, que é pra servir de exemplo pros outros desastrados.

Ao convidar para a festa seus amigos músicos, tenha absoluta certeza de que eles não chegarão no reduto com seus instrumentos de trabalho. Quer foder uma reunião, é o sujeito estar dançando *face-to-face* com o maior broto e aparecer um filho da puta qualquer pedindo para desligar o som porque o Oswaldo Montenegro chegou e quer mostrar o novo arranjo da sua composição chamada "Bandolins".

Se precisar convidar alguém com quem tenha uma relação mais formal, como seu chefe ou uma colega de trabalho, não se sinta obrigado a organizar uma festa super-requintada seguindo as normas rígidas da velha etiqueta. Isso vai cortar o clima. Se um deles aceitou o convite é porque está a fim de foder e fim de papo.

É claro que a situação pede cuidados extras – a melhor lebre da festa tem que ser do chefe, você é o primeiro da fila pra comer a colega de trabalho –, afinal, será uma noite "cartão de visita", que poderá resultar em uma promoção ou num brioco novo. Dependendo do seu chefe, aliás, podem pintar as duas coisas juntas.

Não se preocupe com o que vai servir para acompanhar os birinaites. Lembre-se de que todo biriteiro tem estômago de avestruz e que pra forrar o estômago qualquer coisa serve: azeitonas, iscas de queijo, empadas, ovos cobertos, amendoim, batata frita, boi ralado, espetinhos de gato, palmito, o diabo a quatro. Afinal de contas, um biriteiro que se preza só come essas porras para ter o que vomitar depois.

Mesmo que você tenha um ódio homicida dos bicões sem-cerimônia, trate o convidado de seu convidado como um velho amigo de infância, sem resvalar para o excesso de intimidade, como, por exemplo, conversar sobre assuntos estritamente pessoais. Pedir que ele ajude a pegar gelo no congelador ou mudar o CD não é deselegante, mas perguntar se ele já deu a bunda é.

O item principal de uma festa é a presença feminina. Ninguém vai à festa, ainda mais na casa de macho, apenas para encher o cu de cachaça. Pra isso existem os botecos. O cara vai pra armar um lance, carcar uma vadia e se dar bem. Você, como anfitrião, não pode esquecer esse aspecto fundamental da questão. Coisa triste é gente falando que não frequenta sua casa porque lá só dá macho. Ou um amigo ir lá pela primeira vez e ficar de pau na mão.

Evite convidar meninas universitárias, principalmente estudantes de Comunicação ou de Letras, que vivem dizendo a toda hora "de repente isso", "de repente aquilo". De repente, um caralho! De repente é coisa de violeiro cego nascido em Campina Grande.

Ao agendar as gurias que vão estar presentes no bacanal, mantenha sempre uma margem mínima de segurança, p.ext., meia dúzia de vagabundas de sobreaviso que poderão ser convocadas extraordinariamente. Nem que seja preciso pagar adiantado.

O que não seria elegante é você passar a noite inteira telefonando para o Café Photo ou para a boate Kilt solicitando aquelas mocreias caidaças, simplesmente porque suas amiguinhas deram o maior bolo e se escafederam. Se um dia ocorrer isso e a corja de machos presentes não cismar de comer seu cu, pra você aprender a ser mais responsável, é porque são muy amigos.

O mais importante: não há clima que possa ficar descontraído se você estiver nervoso, se der a impressão de estar irritado com alguma coisa ou se parecer que é o único da festa que não vai comer ninguém.

Capítulo 3

O convidado que todos querem convidar

Você tem de sair direto do trabalho para se encontrar com os amigos em um abatedouro clandestino. Você está com medo de pegar aids? De se sentir desenturmado porque não sabe se são as mesmas piranhas que costuma comer? Está inseguro porque não sabe onde colocou a K-Y gel e porque não sabe de cor aquele manual de regrinhas para comer um cu pela frente sem sujar o pau? Relaxe, pois isso hoje já não tem mais nenhuma importância.

Pra começo de conversa, aids é uma doença que só ataca mulheres, viados, bissexuais, viciados em drogas injetáveis ou hemofílicos. Não é mais nenhuma coisa do outro mundo conhecer uma mulher de manhã e comê-la à noite. É fácil comer um cu pela frente e limpar o pau na cortina sem a parceira perceber. Acabou aquele jogo duro de antigamente, quando, pra comer uma mulher, você tinha de namorar uma semana antes. Os tempos são outros. E o mais importante: não são velhas regras rígidas que vão garantir o sucesso de ninguém. O que mais faz brilhar a estrela de uma pessoa é ser natural, dinâmica, espirituosa, bem-humorada e ter uma caceta de 18 cm. Ou mais.

Ao receber um convite (por telefone, porra, por telefone!), não fique sem jeito de perguntar o motivo da putaria ou indagar se vai ser preciso levar dinheiro para pagar as vagabundas, caso quem o convide não diga o suficiente pra você se sentir seguro.

Se o convite não for para um *ménage à trois*, não tem nada demais perguntar também se pode levar sua namorada, argumentando que ultimamente tem preferido comida caseira a *fast food*.

Procure ir à festa num estilo casual-chique, mas sem afrescalhamento. Calça jeans, camisa polo em cor discreta, mocassim etc. Não sendo crioulo, rastafári ou havaiano, evite sempre usar camisas estampadas ou em cores berrantes. Aquilo é coisa de viado.

Se é a primeira vez que você vai participar de um embalo nessa casa, lave bem a pomba com seiva de alfazema e passe perfume francês nos pentelhos. Certifique-se de que não ficou um mísero resquício de esmegma. Imagine se o anfitrião lhe apresentar uma psicóloga supercabeça-feita e ela se recusar a chupar seu pau porque o bicho está cheio de sebo de Holanda?

Procure não chegar muito atrasado. É verdade que entre os machos os horários não são tão rígidos como, por exemplo, entre os baitolas que vão tomar posse em alguma academia de letras, artes ou ciências. Tanto que é frequente convidar-se as pessoas para o horário que der. Der, aí, significa a hora em que as mulheres perdem a inibição e começam a dar. Como nunca se sabe quando é que a cocaína vai fazer efeito ou quando as meninas vão tirar as roupas, procure chegar cedo. É a única chance de escolher a dedo (no bom sentido) a sua futura vítima.

Se houver um problema de última hora no trabalho que faça você se atrasar muito, procure telefonar imediatamente avisando que vai, nem que seja só pra tocar uma punheta.

Assim não deixará ninguém preocupado e libertará o dono da casa da dúvida: "Guardo ou não guardo essa xoxotinha pra ele?" O importante é você não deixar de ir.

Se você estiver indo de roupa nova, principalmente de calça Levi's 501, que vive prendendo o ladinho dos colhões, lembre-se de que não é nenhuma coisa do outro mundo coçar o saco na frente das vagabundas, ainda mais se você disfarçar, enfiando as mãos nos bolsos da calça e coçando por dentro. O que não deve ser feito na frente das gurias é ficar tirando cueca *slip* do rego da bunda. Cueca *slip*, cá pra nós, só pode ser coisa de viado.

Se o birinaite que estiver rolando for apenas um legítimo aguardente de alambique, popularmente conhecido por "Amansa Sogra" ou "Derruba Corno", tal o elevado grau etílico do bicho, não caia na asneira de pedir rodela de limão, cravinho-da-índia, bala de hortelã ou qualquer outro tipo de tira-gosto. Vai ficar parecendo coisa de viado. Tira-gosto de bebida braba é careta.

Mesmo sendo músico profissional e já com disco gravado por produtora independente, evite ir à festa levando violão, flauta doce, atabaque, reco-reco, bongô, violino, gaita de foles ou coisa semelhante, porque sempre vai aparecer um filho da puta querendo fazer média com os presentes e insistindo pra você levar um som maneiro. Como o ouvido dos outros não é penico, ninguém tem obrigação de escutar aquelas merdas que você chama de música.

Se você estiver com problemas intestinais (diarreia, prisão de ventre, gases), é claro que a situação pede cuidados extras. Evite, a princípio, comer carne vermelha (militantes do PT, PPS, PCdoB, PSTU), principalmente se a guria em questão estiver montada, isto é, com camiseta da Convergência Socialista, jeans imundo rasgado nos joelhos, sandália de couro que fede que nem merda, sacolão de estopas com apliques da Anistia Internacional, cabelão desgrenhado, óculos fundo de garrafa, boina com a estrelinha do PT e uma farta coleção de panfletos denunciando a escalada do imperialismo americano no Kazaquistão Setentrional ou as contradições do capitalismo selvagem na China pós-moderna.

Mas não dispense, em hipótese alguma, uma mulata espevitada. Rabada ou cuião roxo, em qualquer circunstância, é um prato substancial. Mas também não custa nada chamar o dono da casa num canto, explicar que agora você faz macrobiótica e pedir pra ele descolar uns brotinhos. Afinal de contas, tirando as suas filhas e as suas irmãs, as demais adolescentes da cidade estão dando mais do que chuchu na serra. Pergunte só aquela sua vizinha solteirona que ninguém come.

Não ser íntimo do anfitrião não o isenta de dar uma mãozinha, se perceber que ele está precisando de ajuda. Assim, por exemplo, você pode abraçá-lo afetuosamente pelo ombro e comentar, apontando com o copo para a guria que ele está azarando: "Aquela ali é um tremendo piço! Eu mesmo já comi três vezes! Vai lá e fatura legal, que ela gosta do programa completo! O negócio da sacana é fazer barba, cabelo e bigode!" Mesmo que você esteja vendo a menina pela primeira vez. Ou que ela seja esposa do seu melhor amigo.

Mas não provoque a boa vontade do anfitrião indo trepar com uma menina na cama do dito-cujo. Ainda mais se a menina for a irmã caçula dele, que mal entrou na puberdade. Isso é uma coisa que só os escritores consagrados costumam fazer, quando querem sair na primeira página do jornal Notícias Populares ou ganhar uma nota de oito colunas na seção de avisos fúnebres do *New York Times*.

Hoje em dia é importante saber o que está acontecendo no mundo à sua volta. Mas não precisa ficar mudo e intimidado se não estiver por dentro de todos os assuntos. Ninguém é obrigado a ser assinante do Estadão. Durante as conversas, procure ser simpático, atencioso, faça várias perguntas, mostre-se interessado, aprenda coisas novas.

Se alguém é expert em foder com uma cenoura congelada enterrada no rabo até o talo, ouvindo a Quinta Sinfonia de Beethoven com a porta do quarto aberta, você não tem obrigação nenhuma de saber discorrer sobre o assunto. Pelo contrário, comece a espalhar entre os presentes que o tal sujeito, depois de velho, deu pra dar o cu.

Mas não demonstre surpresa se o assunto for um novo perfume afrodisíaco da Maison Dior e que, segundo os especialistas, atua no córtex cerebral das vagabundas, fazendo com que o pastel de pelo fique ansioso para engolir um croquete. Nesse caso, preste toda a atenção aos comentários e faça perguntas do tipo "mas até que ponto você acha que isso vai me ajudar a comer a Beyoncé sem que eu tenha que matar antes o rapper Jay-Z?"

Se você não conseguir descolar um broto comível antes da meia-noite, radicalize: encoste na mulher mais feia da festa, faça a abordagem tradicional e seja o que Deus quiser. A grande vantagem de carcar uma mulher feia é que ela, por falta de parceiros, tem sempre a xana mais apertadinha do que os aviões tradicionais. E o lorto também.

Sem contar que, pra não perder o parceiro, ela topa qualquer tipo de perversão sexual. É evidente que se pintar qualquer cobrança posterior, você sempre pode explicar que não se lembra de nada, que estava completamente bêbado, que essas coisas de porre não se deve comentar, que é muito feio falar sobre assuntos pessoais. Se nada disso der certo, meta a porrada na vagabunda.

Mesmo que a safra feminina deixe muito a desejar, não perca a esportiva. O caminho da felicidade não é o mesmo para todo mundo. O importante, porém, é não transformar a paquera num pesadelo semelhante à véspera de receber o resultado do exame de HIV.

Você pode concentrar a paquera apenas nas mulheres que, além de feias pra caralho, são desquitadas: as chances de algo sair errado são bem menores. Procure, apenas, acrescentar um toque especial de requinte. Por exemplo, contar que se amarra em chupar uma boceta bem cabeluda é perfeito para deixar as desquitadas assanhadinhas. Ainda mais se você falar isso massageando ostensivamente os colhões.

Procure manter uma distância prudente de biriteiros amadores, esses caras que ficam lhe aconselhando a parar de beber porque acreditam piamente que você já passou dos limites. Se conselho fosse mandioca, macho morria de fome.

Macho que se preza não tem limites: mistura cachaça com cerveja, uísque com licor de ovos, vodca com catuaba, campari com fanta uva, bebe batida de Pinho-Sol com água sanitária sem fazer careta e não vomita no xaxim de begônias, mesmo que dê vontade. Macho que se preza só não toma acetona porque ela estraga o esmalte dos dentes. E só para de beber se cair no chão e não tiver um taco solto pra apoiar o copo. O resto é coisa de viado.

Bom, mas não é de hoje que os biriteiros sempre encontram na mídia dicas sobre comportamento social, sobre como devem agir em eventos, badalações, festas etc. Sem nenhuma exceção, todos sempre martelam no mesmo ponto: "Evite o consumo exagerado de álcool." Chegaram até a criar, vejam vocês, a ridícula expressão "Beba socialmente".

Ora, o que é beber socialmente? Tomar dois chopes ou uma dose de uísque? Pra que isso? Bebida foi feita para descontrair, para animar, e isso não se consegue bebendo socialmente. Se é pra beber dois chopes, é preferível tomar dois copos de suco de cupuaçu, que é muito mais gostoso e engorda menos. Afinal, o grau de descontração em ambos os casos será o mesmo: zero. Não caia nessa roubada de "beber socialmente". Beba para ficar bêbado. Essa é a ideia central de uma verdadeira noitada etílica.

Para ficar muito doido bem depressa, a solução é misturar bebida destilada com fermentada. Por exemplo, para cada tulipa de chope tome uma dose de vodca. Para cada copo de vinho (você toma vinho? Hummm), uma dose de uísque. Para cada copo de cerveja, uma dose de gim. Para cada copo de champanhe, uma dose de cachaça de cabeça – as mineiras são melhores. Se preferir, parta logo para o "rabo de galo", também conhecido como traçado: num mesmo copo, misture uma dose de cachaça, uma de conhaque, uma de vermute, uma de rum, uma de martini e outra de steinhager. Mexa um pouco, vire sem fazer careta e rebata tudo com uma cerveja estupidamente gelada. Na terceira rodada você vai perceber que já se sente melhor, já fala com mais desenvoltura e começa a ter ideias cada vez mais claras. Você também está mais determinado, confiado e saliente.

Estando muito doido, chegou a hora de agir. Muito provavelmente, poucas serão as mulheres do recinto que você não vai ter coragem de encarar. O álcool é o combustível da criatividade e da coragem, o próprio "elixir da beleza". Você está imbatível e cada vez mais confiante. Dê preferência a mulheres que também estejam bebendo, afinal de contas, você quer uma boa companhia.

Algumas dicas são fundamentais para o sucesso da investida. Evite palavras complicadas, que podem fazer você enrolar a língua. Encontros consonantais, por exemplo, são terminantemente proibidos. Evite comer sílabas. Fale um pouquinho mais devagar. Evite, também, babar. Aguente bravamente e despeje toda a saliva na hora do beijo. Se a vaca reclamar, recite mentalmente: "Foda-se. Daqui a pouco eu vou precisar de bastante cuspe pra passar no pau quando encarar essa sua bunda rechonchuda, e, se não tiver, você vai ficar histérica, sua puta reclamona!" Mas não deixe ela perceber seu risinho triunfal.

Para ilustrar melhor a importância de se chegar bastante alcoolizado junto de uma popozuda com o intuito de conquistar a vadia, compare os trechos destes dois diálogos:

(Diálogo com você ainda sóbrio.)

Popozuda: Você faz o que da vida?...

Você: Bem, eu sou estudante de Direito, faço estágio numa empresa multinacional de consultoria e me formo no final do semestre, acho até que vou ser o orador da turma...

Popozuda: Ah. Que legal...

(Pausa. Depois de alguns minutos em silêncio, a popozuda pede licença e vai até o banheiro. Na volta, encontra uma amiga e começam a conversar animadamente; depois se dirigem a uma mesa cheia de machos, enquanto você, um bundão ainda sóbrio, fica lá na sua mesa, tomando suco de laranja adoçado com dietil, tentando descobrir direito o que aconteceu.)

(Diálogo com você completamente bêbado.)

Popozuda: Você faz o que da vida?...

Você: Bem, eu sou cinegrafista profissional, fiz um curso de fotografia submarina mês passado em Búzios e semana que vem estou partindo para Fernando de Noronha para gravar um especial para o Discovery Channel sobre a vida dos tubarões-martelos...

Popozuda: Nossa, que legal!! E eles pagam bem?...

Você: Claro, e ainda por cima é em dólar! O bom dessa profissão é que você viaja muito e conhece os lugares mais interessantes do mundo. Há dois meses eu estava no Havaí acompanhando o surfista pernambucano Carlos Burle na tentativa de quebrar o próprio recorde mundial nas tsunami. Já ouviu falar em tsunami? Tsunami quer dizer "onda gigante", em japonês. Os surfistas pegam carona no jet ski para descer ondas de até 30 metros, uma altura equivalente à de um prédio de dez andares. As grandes ondas nascem nas águas do Alasca. Depois chegam ao litoral havaiano. Oceanógrafos preveem onde a formação atingirá seu ponto mais alto. Na competição, o surfista é rebocado pelo parceiro num jet ski para passar a arrebentação e ganhar a velocidade necessária para descer a onda. O perigo é grande. Se cair da onda, o surfista poderá ser estraçalhado pelos corais do fundo ou permanecer até cinco minutos submerso. Os atletas treinam apneia. Já ouviu falar em apneia?... (e tome blá-blá-blá...)

Popozuda (olhos brilhando e sem coragem de contar que leva uma vida fuleira, mas morrendo de desejo de entrar na sua vara): É mermo, é?...

Obviamente o segundo diálogo captou muito mais a atenção da vagabunda, deixando-a hipnotizada. Sóbrios, estamos propensos a cometer erros de avaliação e relatar vidas ordeiras, banais e desinteressantes. Foi o que você fez no primeiro diálogo. O que importa é saber que, bêbado, você está com a maior cara de pau do mundo e criativo o suficiente para inventar um caso que certamente vai iludir seu alvo. Se você der o incrível azar de a pessoa com quem estiver conversando conhecer profundamente o assunto que você inventou, ainda assim a sua criatividade vai falar mais alto e dificilmente você vai deixar a lebre escapar ilesa. É só voltar a falar sobre o assunto favorito de qualquer mulher: como você ganha bastante dinheiro na sua profissão e como tem andado sem tempo para gastar os dólares acumulados. Não esqueça: quem gosta de pica é viado, mulher gosta é de dinheiro.

    Por outro lado, todo mundo sabe que uma cuca cheia de álcool não se governa. O sujeito pode passar do estado de inconveniência total para o de depressão moral, com direito a choro copioso, num piscar de olhos. Basta alguém gritar que acabou a birita e os filhos da puta presentes não se apresentarem pra fazer a vaquinha.

    Mas ser descontraído demais (mijar com a porta do banheiro aberta e dar a velha sacudidela no meio da sala), falar muito alto, contar piadas de cornos na frente de cornos, vomitar na pia, monopolizar as atenções a noite inteira com detalhes sobre os cabaços que você arrancou ou ficar passando a mão na bunda da mulher do anfitrião vão fazer de você o convidado que as pessoas não gostam de convidar. Qualquer tipo de excesso, incluindo as dimensões do pau, continua a ser deselegante.

Capítulo 4

Macetes do bom gourmet

Um verdadeiro *connaisseur* sabe que comer uma mulher para ela jamais esquecer e ficar troncha de saudade não é uma tarefa fácil. Qualquer pessoa, até mesmo o mais famoso garanhão do pedaço, que não está nem aí para as regras da etiqueta, pode marcar a maior touca diante das lebres acrianas, que exigem trepadas específicas, ou até mesmo de uma simples goiana, que pede apenas um jeito especial de foder. Cautela e caldo de galinha nunca fizeram mal a ninguém.

É verdade que estamos vivendo o apogeu do liberalismo no comportamento feminino. Também é verdade que a qualquer momento você poderá ser convidado para uma trepada à moda antiga, daquelas em que não se usa camisinha, tem trilha sonora do Ray Connif, luz na penumbra, você tira a calcinha com os dentes e, antes de introduzir, verifica com o dedo se a xereca já está molhadinha.

Por isso você deve ter jogo de cintura suficiente para não voltar a ser prisioneiro de antigas inseguranças que já foram vencidas e saber enfrentar com tranquilidade as situações mais angustiantes, tipo decidir se dobra a saia plissada dela e coloca, delicadamente, no espaldar da cadeira ou se apenas joga embaixo da cama, já que aquela porra não amarrota mesmo.

Se você está saindo com uma mulher pela primeira vez, não custa nada acertar previamente alguns detalhes. Aliás, é muito melhor acertar logo. Por exemplo, você pode dizer: "Escuta aqui, meu amorzinho, entre quatro paredes vale tudo menos enfiar o dedo no meu cu." Que é pra ela saber de cara que, apesar de gostar do Dire Straits e torcer pelo Fluminense, você não é viado.

Se a mulher quiser lhe dar, mas em contrapartida exige que você não conte nada a ninguém, pode dispensar na hora. O que vale a pena – e isso precisa ficar bem claro – não é a trepada em si, mas o prazer que dá depois, quando se conta os detalhes pros amigos.

As carícias preliminares é que dão o tom da putaria. Esqueça aquela história de que mulher gostosa a gente começa a chupar pelo pau da cortina. Macho que se preza não chupa nem pau de picolé. Lembre-se de que dentro de cada mulher se esconde uma prostituta sudanesa. A tarefa número um do macho é descobri-la e então tirar proveito dela.

Na cama, a primeira coisa que você deve fazer com uma mulher é obrigá-la a chupar seu pau. A segunda coisa, e só se ela reclamar, é lavar o pau com sabonete para tirar aquele gosto de mijo. Enquanto ela estiver ocupada chupando seu pau, não pergunte se está gostoso. É muito feio uma mulher falar de boca cheia. Procure também deixá-la inteiramente à vontade para decidir sozinha se cospe ou engole.

No *cunnilingus* a regra habitual é você ficar por baixo, com a lebre praticamente sentada na sua cara. Comece a chupar a xoxota de baixo pra cima, da esquerda pra direita, em círculos concêntricos. Evite comentar que tem cheiro de bacalhau da Noruega. O ideal é não falar enquanto chupa, e roçar o clitóris com a língua. Clitóris é aquele grão de ervilha na parte superior de quem entra. Cuidado para não machucá-lo, que a dor, dizem, é semelhante a levar uma bolada de futebol de salão no meio do saco.

Chupe sem pressa, bem devagar e engolindo a saliva. Não esqueça que hoje em dia babar xoxota é considerado crime hediondo e, por isso mesmo, inafiançável. Parar pra cuspir ou pra descansar o queixo, também. Quando terminar, lave bem a sua testa com sabonete pra tirar aquele cheiro de bunda. Ou o brioco da menina não estava exatamente na sua testa?

Outra coisa: sempre que acabar de chupar um cu, limpe os lábios suavemente com um lenço limpo. Não por causa do cheiro – esse tipo de cheiro leva dois dias pra sair –, mas para que possíveis vestígios de cocô não fiquem presos no seu bigode.

As feministas mais radicais gostam de tomar a iniciativa na cama. Se você estiver trepando com uma, tão logo terminem as carícias preliminares, espere até que ela indique seu lugar na foda propriamente dita, isto é, se você vai ficar por cima ou por baixo. Convém não discutir.

Durante o ato sexual, as regras mais rígidas dizem que você só deve ejacular depois que sua companheira atingir o orgasmo, mas não é absolutamente obrigatório. Faça sempre o que seu pau mandar ou o que lhe der na telha. O importante é colocar sentimento na relação. Ela, se quiser, que depois bata uma siririca. Pra que que ela tem dedos?

Se for colocado a seu lado um pequeno tubo parecendo pasta de dente, é o K-Y gel ou a vaselina. Isso significa que você vai comer um cu. Besunte apenas a glande e introduza bem devagarinho. Depois que a chapeleta passar (você vai perceber porque faz cutruco), tem meio caminho andado. Evite a tentação de enfiar tudo de uma só vez. Tenha paciência. Mas, depois que a metade já estiver dentro, não saia de cima nem pelo caralho.

Mulheres mais experientes não gostam de vaselina, porque deixam os cabelos quebradiços e sem brilho. Os cabelos do cu, bem entendido. Mas se resolverem ficar de bruços com aquele Monte Palomar lhe dando a maior bandeira, vá com calma. Mesmo que signifique sinal verde para pilar um patê, evite ir com muita sede ao pote. É verdade que o esfíncter é um músculo com bastante elasticidade, mas também não custa nada passar um pouco de saliva. Só assim você não corre o risco de juntar cu e boceta num buraco só.

Se durante uma trepada mais sofisticada você se sentir inseguro ou não souber como agir, observe como ela movimenta os quadris e procure fazer o mesmo. Mas não se preocupe demais com isso. Não há erros imperdoáveis se você for gracioso, delicado, suave e tiver uma lapa de pomba desse tamanho.

É educado elogiar a trepada e, eventualmente, o desempenho sexual da sua parceira. Se ela perguntar se foi bom, confirme com um risinho irônico. Mas não passe o resto da noite repetindo que foi a melhor trepada da sua vida. Vai parecer demagogia e, o que é pior, você pode acabar se convencendo.

Como saber se a mulher atingiu o orgasmo? A regra mais conhecida é a inventada pelo escritor Antonio Paulo Graça: enfie o dedo maior de todos no lorto dela e observe as contrações. Se mantiverem uma base rítmica quase que constante, é o orgasmo vaginal; se apresentarem uma sucção semelhante a movimentos sincronizados de sístole e diástole, é o orgasmo clitoriano. Cuidado. Algumas vezes, entretanto, os sintomas anteriores indicam apenas a existência de uma prosaica hemorroida de botão.

Você tomou um porre federal e conseguiu empinar o "cheio de varizes". Faz mais de cinco horas que você está fodendo sem parar. A sua parceira já está de queixo doído de tanto chupar o celerado, a xereca em carne viva por conta das estocadas recebidas ao longo da noite, do anel de couro dela sai um cheiro de borracha queimada e o bicho não tem nem pinta de que ainda vai ejacular. Não, não é um pesadelo! Você acabou de entrar na *bad trip* conhecida vulgarmente por envernizamento. Paciência. Relaxe e durma porque, nessa noite, nem com promessa você vai conseguir tirar leite das pedras. Envernizou, anote bem, fodeu geral!

O reverso da medalha é você brochar. Nesse caso, não entre em pânico nem se desespere que isto não é o fim do mundo. O fim do mundo é você dar o cu. Com exceção do Ziraldo (que mente pra caralho) e do Anselmo Duarte (que sempre foi bom ator), todo mundo brocha. O melhor remédio é agir com naturalidade, falar sobre os últimos escândalos políticos e tratar com displicência (os escândalos não, a brochada), como se aquilo fosse um reles acidente de percurso. Agora é o seguinte: se sua parceira for mesmo muito, mas muito compreensiva, não custa nada colocar a culpa na sacana.

Não fique grilado com as dimensões anatômicas do seu pau. Está provado, categoricamente, que nenhuma mulher se preocupa com esse detalhe, desde que o bicho levante. Na realidade, todo pau em ereção mede cerca de 15 cm. Pode parecer pouca coisa, mas calcule isso dentro do seu quincas como se fosse um imenso tolete. Com a diferença de que um tolete você pode cortar ao meio na hora que quiser.

Na verdade, os caras que possuem um pau muito grande têm um destino trágico: ou brocham muito cedo ou começam a dar a bunda. O ator John Holmes, 35 cm de chulapa, atuou em cerca de 2.500 filmes pornôs, fornicou com mais de 15 mil parceiros (mulheres, homens, vegetais e animais) e morreu de aids em março de 1988, num hospital para veteranos de guerra. Long Dong Silver, 46 cm de lapa, teve uma única ereção na vida, quase morreu por falta de sangue no cérebro e nunca mais tentou tal façanha. Ron Jeremy, 27 cm de troncha, é viciado em autofelação. Na mesma categoria estão os atores Jeff Striker (26 cm), Rocco Sifreddi (27 cm) e Brad Stone (31 cm), todos estrelas de filmes gay. Não sendo gay, o tamanho do seu pau não vai fazer nenhuma diferença.

Se, por exemplo, o seu pau em ereção medir entre 10 e 14 cm, não fique desanimado. Lembre-se de que um indiano superdotado tem um pau de apenas 12 cm e que, apesar de tudo, a Índia é um dos países mais populosos do planeta.

Se o seu pinto em ereção medir entre 7 e 9 cm, não fique triste. Lembre-se de que um chinês superdotado tem um pau de apenas 8 cm e que, apesar de tudo, a China é o país mais populoso do planeta.

Se o seu pirulito em ereção medir entre 4 e 6 cm, não fique deprimido. Lembre-se de que um pigmeu Bandar superdotado tem um pau de apenas 5 cm, e que nem por isso o Fantasma Voador deixa a Diana Palmer tomar banho sozinha com o Guran.

Agora, se o seu pingolim em ereção medir menos que 4 cm, você não é homem, você é uma mulher e parabéns por ter um clitóris tão desenvolvido.

A propósito: também não existem mulheres frouxas. Existem homens que, graças a um erro genético qualquer na configuração do chip, possuem o pau pequeno e fino. Quase todos são executivos japoneses. Outra conversa fiada é aquela que dá conta de que as mulheres magras são fundas e as gordas, rasas. Bobagem. Boceta não é piscina. O canal vaginal de qualquer boceta mede aproximadamente 12 cm, tem uma elasticidade fantástica e é capaz de agasalhar qualquer tipo de macaxeira. E, afinal de contas, você quer uma boceta pra foder ou pra estudar anatomia?

A essa altura do campeonato, você já deve estar querendo saber como deixar uma mulher completamente enlouquecida na cama, não é mesmo? Pois, então, aí vão algumas dicas:

1) Amarre-a na cama e diga a ela que a manicure ligou no fim da tarde desmarcando a unha da manhã seguinte.

2) Amarre-a na cama e comente em voz alta: "Querida, amanhã é o aniversário da minha secretária. Será que ela vai gostar da calcinha de renda que eu comprei na Daslu?"

3) Amarre-a na cama e vá beber com os amigos no boteco da esquina.

4) Amarre-a na cama e mude o canal da televisão do último capítulo da novela das oito para a final de basquete da NBA.

5) Amarre-a na cama e jogue no vaso sanitário aquele prato de estrogonofe que ela passou o dia inteiro preparando.

6) Amarre-a na cama e deslize uma pena pelo corpo dela. Quando ela estiver completamente excitada, diga "Espera um pouco que eu vou na cozinha pegar o resto da galinha..."

7) Amarre-a na cama e leia um artigo sobre hermenêutica escrito por algum intelectual da USP e publicado no caderno dominical "Mais!", do jornal *Folha de S. Paulo*.

8) Amarre-a na cama e finja que está ouvindo vozes: "E agora, mestre, devo cortar o pescoço dela ou botar fogo no apartamento?"

9) Amarre-a na cama e conte com riqueza de detalhes sua última transa com a gostosona da Contabilidade.

Existem algumas coisas que você deve evitar quando estiver trepando, porque dão mais azar do que cruzar com um gato preto numa sexta-feira 13 de agosto:

1) Jamais lavar os pentelhos com xampu babosa depois que comer uma mulher menstruada.

2) Nunca apontar para um arco-íris enquanto estiver comendo um cu pela frente.

3) Jamais comer uma mulher no chão quando houver chuvas com raios e trovoadas.

4) Não molhar os pés se a mulher acabou de chupar seu pau.

5) Nunca arrancar cabaços em dias de eclipse solar ou lunar, parcial ou total.

6) Não fazer *ménage à trois* no sábado de aleluia.

7) Jamais fazer 69 com o estômago vazio.

8) Nunca trepar em pé numa rede quando os dois ponteiros do relógio estiverem juntos.

9) Não comer mulher corcunda durante a hora do Angelus.

São as seguintes as mulheres que não devem ser desfrutadas sob quaisquer circunstâncias, mesmo que sua pomba já esteja igual manopla de guidom de bicicleta de tanto tocar punheta:

1) A sua mãe.
2) A sua irmã.
3) A sua filha.
4) A que tem irmão na Polícia Federal.
5) A que fez voto de castidade.
6) A que publicamente expressa vontade de cagar.
7) A que não toma anticoncepcional.
8) A que não sabe trocar pneu de carro na chuva.
9) A que está a fim de casar.

10) A que está a fim de se amigar.
11) A que já deu pra você mais de duas vezes.
12) A que todos os seus amigos já comeram.
13) A que parece leprosa.
14) A que parece frígida.
15) A que parece louca.
16) A que parece frouxa.
17) A que aparece e você brocha.
18) A que se parece com a sua sogra.

De qualquer forma, se não estiver chovendo na sua horta há muito tempo – e só nessas circunstâncias –, você também pode abrir uma exceção e carcar uma mocreia. Há algumas vantagens para a prática desse esporte radical de alto risco:

1) É um mercado promissor. Nove entre dez mulheres feias têm amigas bonitas. E essa que sobra tem sempre uma prima arrumadinha.

2) É emocionante. Você vai se sentir o próprio James Bond tentando esconder a mocreia dos seus amigos.

3) É seguro. Se você parar o carro num local ermo, dependendo do calibre do canhão que estiver te acompanhando, os ladrões não vão te incomodar, com medo de serem comidos vivos pela sua acompanhante.

4) É mais fácil. Uma mocreia normalmente não escolhe muito as companhias masculinas, por força da lei da oferta e da procura. Quer dizer, mesmo que você seja a cara do Pedro de Lara, a possibilidade de levar um fora é praticamente zero.

5) É econômico. Um dragão de Komodo sabe que é um dragão de Komodo. E não vai pedir jantares em restaurantes chiques nem flores no dia seguinte. No máximo, umas cervejas em lata dentro do carro.

6) É um excelente parâmetro. Imagine duas feias juntas. Uma delas sempre será a "mais bonitinha", por pior que

ela seja. E você vai estar afiado na hora de escolher uma mulher bonita de verdade.

7) É interessante. Pode ser que a mocreia tenha um milhão de cabeças de gado ou seja filha única de um grande empresário paulista. E você não tem a menor vocação para ser um pobretão pelo resto da vida, né mesmo?

8) É um ato que colabora com seus estudos. Uma feia sempre copia tudo o que o professor fala na sala de aula, o que facilita em muito na hora de tirar cópias. As bonitas normalmente também fazem isso, mas não vão sair com você e muito menos lhe emprestar o caderno.

9) Em casos desesperadores, é mais do que suficiente. Na pior das hipóteses, mas na pior mesmo, gol de bico também tira o zero a zero do placar.

É evidente que, em matéria de amor, o verdadeiro macho deve procurar saber as coisas que agradam às mulheres de cada região. Por exemplo:

1) As paraenses são conquistadas na porrada, mas só dão o siriá se você já tiver lambido antes o carimbó.

2) As maranhenses gostam de tocar siririca ouvindo reggae, usam *dreadlocks* na xoxota e só trepam se o parceiro usar camisinha do Sampaio Corrêa ou do Moto Clube.

3) As baianas falam palavrões, querem ser tratadas como putas, se amarram em sexo grupal, mas não trepam no Pelourinho se você tiver o pau lourinho.

4) As pernambucanas são da mesma natureza das baianas, mas só chupam pau no escuro, e assim mesmo se você tiver sido recomendado pelo Alceu Valença.

5) As cearenses gostam de foder de madrugada na praia de Iracema e, pra aumentar o êxtase do parceiro, costumam encher a xoxota de areia.

6) As catarinenses são de paixão moderada, trepam de sutiã e não gostam de suruba.

7) As gaúchas detestam beijo de língua ou chupadas no pescoço, mas são viciadas em 69.

8) As acrianas se amarram em dar a bunda, chupam pau rindo e gozam de olhos abertos, como se estivessem tendo uma miração do daime.

9) As cariocas são insaciáveis, gemem pra caralho e gostam de ser comidas de joelhos ouvindo o Wando no walkman.

10) As mineiras são recatadas, têm um foder apressado e gostam de prazeres sórdidos, tipo comer coalhada de manhã cedo.

11) As rondonienses são sadomasoquistas, custam a ter orgasmo, mas gozam com grande doçura na voz.

12) As paraibanas são metidas a mulher-macho – daí a tradição nativa de darem primeiro o lorto pros forasteiros e somente muito tempo depois, a xereca –, remexem os quadris pra caralho e gostam de passar esperma no rosto para tirar espinhas.

13) As manauenses são sexualmente agressivas, topam qualquer parada, gozam fazendo um escarcéu medonho e, a exemplo da Geni, dão pra qualquer um.

14) As mato-grossenses só gostam de foder em boleias de caminhão, e ainda por cima (ou por baixo) ouvindo música da Roberta Miranda ou do Chitãozinho e Xororó.

15) As goianas só gozam no vestiário do Serra Dourada e, assim mesmo, se você tiver lambuzado o pau de curau.

16) As paulistas são delicadas, dóceis, submissas, gostam de foder discutindo literatura védica ou psicologia transpessoal, mas são capazes de trocar uma trepada por um chopes e dois pastel no bar do Leo.

17) As macuxis gostam do cheiro de esperma, adoram trepar menstruadas e costumam mandar flores de presente quando querem elogiar uma foda bem gostosa.

18) As parintinenses são românticas, carinhosas, gostam de trepar por cima, mas só dão a bunda se você não for do boi contrário.

19) As piauienses gostam de molhar o pau com cajuína antes de chupar, gozam com seriguela dentro da periquita, mas só ficam saciadas com quatro dedos enfiados no toba, o que originou aquele dito popular de que o Piauí é o cu do mundo.

20) As outras eu ainda não comi.

Outra dúvida que atinge muitos machos é saber o que fazer depois de ter gozado. Não há grandes progressos nesse campo do comportamento humano. Os homens mais práticos costumam sair de cima da vaca imediatamente e correr para o banheiro, a fim de se lavar. Os mais românticos permanecem na cama ainda por, pelo menos, uns cinco minutos, que é o tempo que se gasta para fumar um cigarro longo e ter coragem de ligar a televisão. Claro, existem alguns tarados que conseguem permanecer na cama por quase dez minutos, trocando carícias, conversando asneiras, fazendo *do-in*, mas são uma minoria.

Depois de meia hora no banheiro pensando na Giovanna Antonelli ou na Cléo Pires, você pode retornar à arena, que aquela náusea pós-gozo, bem como a vontade de dar porrada na menina, já deve ter passado. É hora de reiniciar o combate. Primeiro, mande a vagabunda ir lavar aquela gororoba que está escorrendo da xereca e ainda pode sujar o lençol. Depois, sintonize a televisão num filme de sacanagem e comece a massagear o cacete.

Quando a vadia retornar do banheiro com a toalha enrolada na cintura, dê a impressão de que recebeu o caboclo do John Wayne. Salte da cama como quem salta do segundo andar de um *saloon*, dê uma rasteira na vaca, puxe a toalha, monte em cima do cavalo e enfie a espora de uma vez. Porra, se a sacana acabou de sair do banheiro e não estiver molhadinha, no mínimo você tem que dar umas porradas.

Mas cuidado com a Síndrome do Medo que ocorre quando, pela primeira vez, você não consegue dar a segunda. A Síndrome do Pavor é quando, pela segunda vez, você não consegue dar a primeira. Nesse caso, você precisa decidir com urgência se é melhor chamar um médico ou dar um tiro na vagabunda.

Capítulo 5

A arte milenar da paquera

Entre os esportes favoritos de um verdadeiro macho está aquilo que os vulgos chamam correr atrás de um rabo de saia ou, simplesmente, correr atrás de um rabo: a paquera. É verdade que, atualmente, em razão da falta de machos no mercado, a paquera não é mais uma exclusividade masculina. Tem muito sapatão abrindo uma concorrência desleal. Mas devemos nos ater às raízes do esporte, aos primórdios, ao início da paquera tradicional, aquela do tempo em que quem comia era o homem.

O homem não é um animal desgarrado da cadeia natural biológica. É muito raro em biologia ver, em outras espécies animais, fêmeas terem vários machos. É frequente, contudo, que os machos tenham várias fêmeas. A produção do gameta na mulher é mensal, ou seja, a fêmea ovula apenas uma vez por mês. O homem produz espermatozoides o tempo todo. A mulher para de ovular quando entra na menopausa. O homem só para de produzir esperma se lhe amputarem o saco.

É como se a natureza tivesse preparado dois tipos de indivíduos, um deles com uma metralhadora giratória pronta para entrar em ação a qualquer momento. Isso sugere uma certa promiscuidade sexual inata, quer dizer, o macho está sempre apto a reproduzir, bastando pra isso ter uma bocetinha dando sopa. E o que não falta é bocetinha dando sopa.

Outro aspecto importante é que o macho aceita com facilidade uma relação em que só haja atração física, desejo sexual e muito prazer, obrigado. A mulher tem dificuldade em aceitar. A mulher trabalha no plano do romance; o macho trabalha no plano do sexo. A preocupação da mulher é se dar inteira para um príncipe encantado; a preocupação do macho é não gozar muito depressa. A mulher quer segurança, compreensão e carinho; o macho quer apenas que depois ela vire a bundinha. Algumas vezes, a mulher não atinge o orgasmo. O verdadeiro macho sempre goza.

A única força que move o ser humano é a sua fantasia de conquistar a mulher impossível (ou a vizinha impossível, a bicha impossível, o sapatão impossível, o doberman impossível, o estivador impossível etc., cada um com suas preferências e fixações sexuais). E a mulher impossível, para o macho, vai ser sempre aquela que ele ainda não comeu. É por isso que as mulheres se dividem em duas categorias básicas: uma minoria que você já comeu e uma maioria que você ainda vai comer. Por uma questão de metodologia, nós nem vamos ficar perdendo tempo com a questão das minorias.

Vamos começar pelo óbvio: falem o que falarem, digam o que disserem, uma coisa é sagrada – paquera, punheta e desfile de escola de samba só contam ponto quando tem mulher gostosa na jogada. Mas tem que ser gostosa mesmo, dessas que são capa da revista *Playboy* e ainda não foram comidas pelo Marcos Palmeira. Mulher de duzentos metros de frente por quinhentos de fundos e vista pro mar. Mulher que só de ver a sombra já dá vontade de comer todinha, sem palitar os dentes nem arrotar bacaba.

Outra coisa: em qualquer lugar onde você for, sempre haverá uma xoxotinha lhe esperando. Esta é a verdadeira lei do carma. Não se impaciente nem se precipite, pois galinha de terreiro ninguém corre atrás. Ela vai estar lá, independentemente de qualquer coisa, a sua xoxotinha vai estar lá. O seu único trabalho será identificar quem a está guardando pra você. Toda mulher gostosa é uma suspeita em potencial. Utilize o método de tentativa e erro. Você vai levar muitos foras, acredite, mas em compensação também vai comer muitas bocetas. Sem contar os lortos.

A cantada é a chave da sedução e sua eficácia depende, acima de tudo, de um agudo senso de oportunidade. Seu arsenal de *approach* deve ser o mais variado possível. Não existe mulher difícil, isto é frescura. O que existe é mulher malcantada. Mas lembre-se: é condição *sine qua non* de uma cantada estar revestida de sinceridade. Uma mulher com certa experiência sabe distinguir isso olhando, discretamente, pros seus países baixos e conferindo se o volume do drops está de acordo com suas reais intenções. Não marque bobeira. É preferível passar por grosso, ao desfilar de pau duro, a perder uma vagabunda por um simples vacilo.

Os gênios criativos da arte da paquera e da ciência da sedução trabalham com obsessão. Não perambulam sob macieiras esperando que a fruta caia no chão ou que um raio os fulmine. "Quando a xoxota não vem até mim, ando meio caminho ao seu encontro", disse Don Juan Tenorio. O italiano Giovanni Jacopo Casanova comia uma mulher casada por dia, mesmo quando estava doente ou esgotado. Você pode (e deve) fazer o mesmo. Dados os esclarecimentos iniciais, mãos à obra que cachorro molenga só come com os olhos.

Em bares e restaurantes

A abordagem tradicional é feita por meio de torpedos bem-humorados. Em um guardanapo de papel, você escreve seu nome, telefone e algum poema erótico como "Eu olhei pra você e lembrei que o meu Kojak está precisando de uma peruca nova. Seria muito eu pedir pra apresentá-lo à sua xoxota?" ou "Sou médico e você me parece sofrer de incontinência urinária. Você não quer que eu tranque sua urina num sofá que tenho lá em casa?" Peça pro garçom entregar o bilhete e fique atento para avaliar o resultado. Se ela sorrir, está na caçapa. Se ficar puta, você pergunta o preço.

Em barzinhos da moda

Como o próprio nome dá a entender, tratam-se de estabelecimentos destinado à biritagem infanto-juvenil, com a maior quantidade de louras por metro quadrado do universo. É o local preferido pela galera do NCN (Ninguém Come Ninguém). Nesses locais, não raro, podemos ver um mauricinho encarando um chope com pizza de chocolate acompanhado de uma lourinha tomando Red Bull com água tônica. A música quase sempre é na base de fichas e se você não sabe que merda é Rouge, KLB, Los Hermanos e Sandy & Júnior, é melhor nem passar por perto. O chato de cantar mulheres louras – inclusive as que usam óculos – é que nelas a ficha demora a cair. Por exemplo, você executa seu melhor sorriso de cafajeste e diz "Ôi, gata... Qual é seu telefone?" Ela imediatamente vai dizer: "Nokia. E o seu?" Com aquele jeito de cachorro que quer um osso, você comenta: "Que curvas, hein!" Ela vai sorrir e arrematar: "Nem me fale... Eu bati o carro sete vezes pra chegar até aqui". Como quem não quer nada, você diz: "Eu não tiro o olho de você!" Ela vai retrucar: "Ainda bem, né? Senão eu fico cega!" Quando uma das amigas dela atravessar sua alça de mira, você faz uso de seu hipnotizante olhar 43 e manda ver: "Nossa!

Eu não sabia que boneca andava!" A lourinha amiga da lourinha vai parar, te olhar com cara de idiota e dizer: "Sério? Nossa, cara, você está mesmo por fora, hein? Já tem até Barbie que anda de bicicleta!" Também não adianta bancar o romântico e dizer "Meu coração disparou quando eu te vi!", porque a lourinha pode gritar "Socorro! Alguém ajude! O moço aqui está tendo um ataque cardíaco!" Nem bancar o descolado e propor "Quer beber alguma coisa?", porque ela vai cair matando: "Ai, garçom, que bom que você apareceu!". Se, apesar de tudo, você conseguir rebocar uma loura pro abatedouro, parabéns! Na cama, onde inteligência não conta, elas são um fodão!

Nos restaurantes por quilo

O restaurante por quilo é o paraíso perdido das bancárias, comerciárias e funcionárias públicas famintas, que não podem perder muito tempo no horário do almoço. Em linhas gerais, o restaurante oferece uma grande variedade de pratos quentes, acompanhados de grelhados, além de saladas, molhos e outros acompanhamentos à sua escolha, e tudo isso a um preço acessível. Mas não é uma experiência sensorial das mais agradáveis. Se você não tiver ânsias de vômito ao ver alguém colocar no mesmo prato lasanha com pastel de queijo, picanha mal passada, risoto com gorgonzola e nozes, empadão de bacalhau, feijoada completa, pirarucu desfiado e filé ao molho de shiitake, se prepare para a guerra. O negócio é entrar na fila, se encaixar na primeira bundinha disponível e distribuir seu repertório de frases espirituosas: "Nossa, mas não tem nada de bom pra comer hoje! A não ser que você esteja no cardápio, broto!", "E aí, gata. Você gosta de verdura no cozido?", "Não gostou dos pratos? Vamos lá em casa que eu te dou uma comida legal!", "Tá vendo essa linguiça? Pois a minha dá duas dessas!", "Comida horrível, né? Que tal ir lá em casa pra ver se eu cozinho melhor?" Se a dona da bundinha não jogar o prato de salada russa na sua cara, você ganhou o dia.

Em sorveterias e lanchonetes

A não ser que você goste de patricinhas (adolescentes ainda cheirando a leite materno, mas com toda pinta de que já estão fodendo), evite sorveterias e lanchonetes. O principal problema para uma abordagem nesse local é que, se você tiver passado a noite anterior enchendo a moringa, um sorvete de taperebá não desce nem com porrada. Pior: nesses locais não vendem birita nem pra dar pro santo. Se ainda assim você quiser tentar, vá em frente. Mas nada de chegar falando "Pega no meu canudo e me chama de Toddynho!", que as meninas podem sair correndo. Vá com calma. É melhor tentar algo assim: "Gatinha, em vez de príncipe encantado é melhor você ficar com o lobo mau: ele te enxerga melhor, te ouve melhor e ainda te come." Ou então: "Vou te roubar pra mim, gatinha, porque roubar pra comer não é pecado." De qualquer forma, se você conseguiu vencer a náusea e a guria já está no papo (basta pagar um sundae de baunilha e prometer um tênis L. A. Gear cor-de-rosa), lembre-se de perguntar o peso da moça. Afinal de contas, um machão experiente como você não vai querer se meter em encrencas por ter feito mal a uma patricinha de menor, não é mesmo? Patricinha de menor é qualquer uma que pese menos de trinta quilos.

Em boates e discotecas

Parta do princípio de que mulher que frequenta esses ambientes está querendo foder. Quem conseguiria se divertir com um som de 130 decibéis no ouvido, canhões de laser que só faltam cegar, possibilidade real de intoxicação por fumaça de gelo seco, salada musical que vai de Elymar Santos a Pet Shop Boys, chope morno feito de espuma, servido em copos descartáveis escrotérrimos e custando uma grana preta? Ninguém. Logo, se aquele povo todo está ali é porque está a fim de foder. O lance é partir pro discurso direto, a cantada explícita, a convocação sem subterfúgios. "Bonito vestido. Posso falar contigo fora dele?", "Me fode se eu estiver errado, mas você não quer me dar um beijo?", "Posso fazer cosquinhas na sua barriguinha pelo lado de dentro?", "Dizem que o amor é uma coisa maravilhosa. Vamos fazer um pouco e descobrir?" Não esqueça que uma eventual recusa pode se dever ao fato de a moça estar naqueles dias. Nesse caso você pode explicar que, quando estão pintando a porta da casa, a gente entra por trás, ou que não tem problema nenhum: sempre que você frequenta rodízios de churrascaria prefere mesmo as carnes malpassadas.

Em praias e piscinas

A grande vantagem de abordar mulheres nesses locais é que, de uma maneira ou de outra, elas já estão molhadinhas. Ponha um arco-íris na sua moringa e fique lelé da cuca num dia de sol: a tática é primária. Aproxime-se da lebre como quem não quer nada, naturalmente, querendo tudo. Coloque um cigarro apagado no canto da boca, peça o bronzeador dela emprestado, lambuze bem as mãos, faça aquela sua cara de safado sim, mas com todo respeito, e então peça, delicadamente, pra ela pegar seu isqueiro no bolso da sunga e acender seu cigarro. É claro que ela vai meter a mão no seu bolso, é evidente que o seu bolso não tem fundo e é óbvio que ela vai acabar pegando mesmo é no "cheio de varizes". Se ela der um gritinho de espanto e começar a rir, está na caçapa. Se tiver uma crise nervosa e começar a chorar, também.

Em festinhas de embalo

Certifique-se, primeiro, de que a mulher a ser abordada não tem nenhum parentesco com o dono da casa. Peça para ser apresentado por algum conhecido. Com os dedos rolando as pedrinhas do uísque no copo, procure arrebentar a boca do balão logo de cara, engatando uma frase dúbia que permita mil leituras enviesadas. Que tal: "Ó, dama por quem me aflijo, lhe suplico que consintais que introduza o por onde mijo naquilo por onde vós mijais." Se ela ficar horrorizada com a cafajestice, capriche no sorriso de canto de boca, coce acintosamente os colhões, coloque as sobrancelhas na posição é agora ou nunca e vá logo atalhando: "Não me leve a mal, mas você não gostaria que eu pintasse de branco a parede do seu útero?", "Você tem colher? Porque eu estou dando a maior sopa!", "Está vendo aquele cara ali? Pois é, ele está perguntando se você não quer trepar comigo...", "Sexo selvagem mata. Então, que tal a gente morrer feliz?" Se ela ficar ligeiramente lívida e lhe der um tapa na cara, está no papo: quem desdenha quer comprar. Se ela lhe der um bico no meio da canela e sair resmungando, não se avexe. Pode ser que ela esteja apenas querendo amolecer seu pau, insinuando que ainda é cedo.

Em lan houses e cybercafés

As lan houses são estabelecimentos comerciais onde os usuários pagam para usar computadores conectados à internet para jogos on-line. Já o cybercafé é um local que funciona também como bar ou lanchonete e oferece aos seus clientes acesso à internet mediante o pagamento de uma taxa, usualmente cobrada por hora. Nos dois casos, você, vai entrar numa seara formada majoritariamente por nerds e geeks, quase todos usando potentes headphones nos ouvidos. Há ainda a tribo dos *cosplayers*, pessoas fanáticas por animes e videogames, que se vestem como os personagens que cultuam e se reúnem para realizar concursos temáticos. Existem teorias que dizem que nerd e geek são a mesma coisa, a única diferença é que os geeks conseguem namoradas. Prefiro um exemplo mais ilustrativo: digamos que o Bill Gates seja um nerd. Nesse caso, o Steve Jobs seria um bom exemplo de geek. Entendeu? Bom, mas isso não vem ao caso. O caso é que suas chances de pegar uma fêmea nesse ambiente inóspito são próximas de zero. A não ser que você também seja um nerd. Ou um geek. Mas vamos supor que você avistou uma *cosplayer* da Kaname Chidori, do anime Full Metal Panic. Com jeito de quem não quer nada, você se aproxima e bate de trivela: "Posso colocar meu pen-drive na sua porta USB? Pode ser na frontal ou na traseira, tanto faz..." Se o sargento Sousuke Sagara, que sempre protege a garota, não te cobrir de porrada, você passou de fase e vai comer a Chidori. Se não, não.

Em cinemas e teatros

Você deve fazer a abordagem sentando sempre atrás da futura vítima. Incline o corpo pra frente e, com a cabeça quase colada no ouvido dela, comece a comentar a cena que estão assistindo. Evite sempre usar um palavreado florido que, além de ser completamente *out*, ainda parece coisa de viado. Os tempos atuais impõem agilidade verbal. Você pode comentar que o filme (ou a peça, o ator, a plateia, a iluminação, o ar-condicionado etc.) é a pior merda que você já viu nos últimos dez anos e ir direto ao assunto: se ela topa foder. Se ela se virar para saber de onde partiu o convite, não tem jeito, já está no papo. Se ao virar ela aproveitar para lhe dar um tabefe, melhor ainda. As mulheres violentas são sempre um fodão. Se ela permanecer impassível por alguns minutos que vão parecer horas e se levantar silenciosamente, trocando de lugar, isso é uma senha para você ir atrás e sentar ao lado dela com o pau pra fora. Mas dê um tempo. Banque o durão. Galo velho não corre atrás de galinha.

Em praças públicas

A abordagem preferencial é perto de igrejas que possuem alta concentração de pombos. É um romantismo mixuruca, mas que sempre funciona. Você se aproxima da vagabunda em questão e, sem que ela perceba, joga bastante milho ou pipoca próximo dos seus pés. Quando aquela revoada de pombos se aproximar pra disputar os grãos, com certeza a paquerada vai se sentir a própria Sophia Loren cruzando a milanesa praça do Duomo e falar alguma abobrinha espirituosa, tipo "Puta que pariu, mas eu nunca vi um espetáculo alado tão fascinante!". Você aproveita a deixa e entra de sola: "É porque você ainda não prestou atenção que eu estou guardando essa pomba aqui só pra você. Deixa eu colocar um pouco a bichinha na sua gaiola?" É batatolina.

Em festivais de música

É a praia ideal pra se pegar mulheres casadas. Normalmente os maridos ficam em casa assistindo futebol pela TV, se embriagando com os vizinhos ou ouvindo reggae no último volume. E, com a desculpa de fazer *backing vocal* na música de um amigo, as vadias vão sozinhas, pra provar que o maridão tem confiança, é muito legal, tem uma super-cabeça-feita, não liga pra ciúmes, os dois têm um relacionamento adulto, pra frente, superfranco mesmo. Pois é aí que a porca torce o rabo. A porca não, a vaca. A abordagem característica é a do tipo maior carente: "Você tem alguma coisa em casa pra me dar, alguma coisa que o seu marido não esteja mais usando?" Quase sempre pinta uma bocetinha. E, se for seu dia de sorte, até um brioco.

No calçadão

É a abordagem mais manjada e tradicional. Em pé, com aquela cara cafajeste de bandoleiro mexicano de filmes classe B, tomando uma vodca ice no gargalo e coçando os colhões, você fica vendo as meninas passarem, dizendo gracejos sobre os atributos físicos delas e fazendo mesuras chaplinianas. Falas típicas: "Moça, se a senhora já perdeu a virgindade, posso ficar com a caixinha que veio com ela?", "Seu pai é pirata? Porque você é um tesouro!", "Seu pai é dono de padaria? Porque você é um sonho!", "Estava olhando a sua etiqueta. Como eu imaginava, você foi feita no Céu...", "Bonito sapato. Quer trepar comigo?", "Essa sua roupa ficaria ótima toda amassada no chão do meu quarto", "A palavra do dia é pernas. Que tal a gente ir pra minha casa e espalhar a palavra?", "Eu morro de saudades do meu ursinho de pelúcia. Quer dormir comigo?", "Bond. James Bond", "Você é a nora que minha mãe pediu a Deus", "Com uma padaria dessas eu só vivia molhando o biscoito", "Se isso cru já é bom, imagine o cozido", "Com um quintal desses eu nem pensava em reforma agrária", "Esse teu orgulho besta é como picolé e vai acabar num pau", "Pra você eu dou casa, comida, roupa lavada e dois dias na semana pra me fazer de corno", "Que tal a gente ir pra minha casa e fazer as coisas que eu já falei pra todo mundo que a gente faz", "Mulher, cachaça e bolacha em todo canto se acha" e assim por diante. É uma tática meio suicida porque muitas vagabundas emprenham pelo ouvido e acabam denunciando o sujeito na Delegacia da Mulher. E no Brasil, como se sabe, o aborto ainda não está legalizado.

No shopping center

O único gênero de abordagem coletiva. Por que diabos mulher só vive desfilando em praça de alimentação de shopping center metida em bandos de cinco ou seis, ninguém até hoje conseguiu descobrir. Deve ser algo relacionado ao instinto tribal. O negócio é fazer como os bucaneiros ingleses encarando um galeão espanhol cheio da prata de Potosi: cada um escolhe a sua vítima, vai direto na jugular e seja o que Deus quiser. O que de pior pode ocorrer é você ter de pagar todos os ingressos do cinema ou duas rodadas de pizzas e acabar engatado com a mais feinha. Mas repare bem: ela não tem uma cinturinha de tanajura semelhante à da Rita Cadillac? E umas pernas sinuosas como as da Rose di Primo? E aquela bundinha arrebitada não lembra bastante a da Matilde Mastrangi? Na verdade, essa é a chamada lei universal de compensação da natureza ou, ainda, o Paradoxo das Raimundas (quem nasce feia de cara tem sempre que ser boa de bunda). Agora, quer saber de uma coisa? Quem fode cara é murro, bicho, e a cavalo dado não se olha os dentes.

Em academias de aeróbica

Apesar de ser o lugar com maior concentração de aviões por metro quadrado, o ideal é ficar azarando próximo da lanchonete de produtos naturais, ali na entrada, mas sem dar muita bandeira de que é um possível frequentador da academia. Porque, cá pra nós, vestir aquelas sungas coloridas que entram no rego e ficar se requebrando ao som do Depeche Mode, só mesmo se o cara for frango. O negócio é olhar com cara de tarado praqueles corpões, peitões e bundões que estão desfilando na sua frente e despejar seu arsenal de frases feitas: "Hoje é seu aniversário? Não? Puxa, porque você está de parabéns!", "Você está esperando ônibus? Não? Puxa, porque você está no ponto!", "Seu nome é mentira? Não? Puxa, porque você é muito linda pra ser de verdade!", "Que lugar bonito, eu queria tirar uma foto. Você bate uma pra mim?", "Você já fez aula de canto? Não? Então vamos ali no canto que eu te dou uma aula", "Aposto 10 reais como eu tiro suas roupas em menos de 30 segundos", "Gata, você com todas essas curvas e eu aqui sem freio nenhum", "Você sabe fazer vitamina? Então bate uma pra mim com mamão!" Se em cada cem cantadas, você conquistar uma mina, já está no lucro. Não é todo dia que se come uma gatinha de academia.

Em manifestações de protesto

Você está participando de uma manifestação de protesto contra qualquer merda: aumento do custo de vida, falta de vagas nas escolas públicas, denúncias de corrupção no governo, essas coisas. Lembre-se de que as mulheres mais gostosas vão na frente segurando as faixas e azucrinando a libido das forças de repressão. Você já escolheu a cara-pintada que vai traçar. Claro, pode ser aquela que está segurando o megafone, com pinta de Jane Fonda. Ou aquela outra ali, que está distribuindo panfletos, com jeito de Carole King. Aliás, pode ser qualquer uma. Mulher que suja a cara de tinta e depois vai pras ruas puxar palavras de ordem, discutir questões de encaminhamento e participar de passeatas é porque está querendo foder. Mas preste atenção: o segredo está em posar de intelectual progressista da Nova Esquerda, seja lá que diabo isso ainda signifique nos dias de hoje. Por exemplo, se a manifestação for contra algum decreto-lei elaborado pelo senador Espiridão Amin, você pode começar com um "E pensar que é dos carecas que elas gostam mais". Se ela fingir que entendeu e rir é porque está na caçapa. Se não, não.

Em cursinhos e faculdades

Como o ensino brasileiro chegou no fundo do poço, neguim não vai ficar perdendo tempo estudando feito um filho da puta numa boa faculdade pra depois ir engrossar a fila dos desempregados ou ser caixa de banco, né mesmo? É muito melhor aproveitar as circunstâncias e tirar uma casquinha, que ninguém é de ferro. Se você for o professor, a tática é reprovar o maior número possível de alunas e deixá-las em recuperação. Fica claro que, em face das circunstâncias, a maioria vai querer dar pra passar. Ou melhor, só passa quem dá. No caso de você ser aluno, convide para estudar na sua casa as alunas que vão ficar em recuperação.

Já que elas vão mesmo se foder, não custa nada tentar comer antes.

Em estádios de futebol

Nem pelo caralho. Macho quando vai pra estádio de futebol ou é só pra fugir das aporrinhações da radiopatroa ou é só pra ficar biritando com os amigos de costas pro campo, jogando sacos de urina no pessoal da geral, reclamando da lerdeza do garçom e contando piadinhas de sacanagem. De vez em quando ele pergunta se falta muito pra terminar aquela porra, porque quer sair 10 minutos antes do apito final e se livrar, simultaneamente, do puta engarrafamento e do assédio dos flanelinhas. Macho que se preza não vai perder seu tempo azarando meia dúzia de vagabundas bêbadas com a camisa 12 de algum clube de merda, dezenas de mocreias ordinárias sacudindo bandeiras mais escrotas ainda, centenas de jabiracas pulando carnaval na geral com uns sujeitos de péssimos antecedentes e milhares de bruacas estúpidas que ficam perguntando, de cinco em cinco minutos, de que lado é que joga aquele sujeito de preto. Brincadeira tem hora.

Nas casas de forró

O nome forró deriva de forrobodó, "baile ordinário, sem etiqueta", também conhecido por arrasta-pé, bate-chinela ou fobó, que sempre foi movido por vários tipos de música nordestina (baião, coco, rojão, quadrilha, xaxado, xote) e animado pela famosa "pé de bode", a popular sanfona de oito baixos. Uma versão fantasiosa chegou a atribuir a origem do forró à deturpação da pronúncia dos bailes for all (para todos), que no começo do século 20 os engenheiros ingleses da estrada de ferro Great Western, que servia Pernambuco, Paraíba e Alagoas, promoviam para os operários nos fins de semana. No início, esses bailes eram animados por sanfoneiros de respeito (Luiz Gonzaga, Dominguinhos, Sivuca, Abdias, Pedro Raimundo, Zé Calixto, Zé Gonzaga e Zenilton, entre outros), mas, atualmente o que impera é uma contrafação diluída (com tecladaria substituindo a sanfona), apelidada de "ó xente music", em que reinam grupos como Mastruz com Leite, Limão com Mel, Calcinha Preta, Aviões do Forró, Rabo de Vaca e solistas como Frank Aguiar, vulgo Cãozinho dos Teclados. A conclusão é simples: como eles já foderam com a música original, você só pode ir nessas casas se for pra foder a mulherada. O negócio é chegar junto das dançarinas mais arretadas – que quase sempre dançam sozinhas – e jogar uma boa groselha no ouvido: "Se eu fosse bombeiro, já teria apagado esse fogo no teu rabo, merepeira!", "Você já viu um homem rico ficar duro em pouco segundos? Então pega aqui...", "Você gosta de flores? Gosta? Então que tal a gente ir fazer sexo no meu jardim!", "Eu preciso ir ao banheiro mijar. Você segura o braúlio pra mim?", "Vamos brincar de pega-pega? Eu te pego, você me pega, a gente se pega e no final fica tudo certo!", "E aí, gata, vamos tomar algo juntos? Que tal um banho de espuma?", "Pena de urubu, pena de galinha, se quiser me dar o cuzinho, basta dar uma risadinha", "Que tal fazermos um bom negócio? Você me dá seu orgulho e eu te dou um jegue", "E aí, gata, vamos fazer uma transa mágica? Primeiro, a gente transa e depois você desaparece!" O que de pior pode acontecer é você ter de rebocar meia dúzia de mocreias embriagadas para o matadouro. Mas e daí?... Como dizem os mano, "urubu na guerra é frango, mermão!".

Em bailes funk

Se não quiser dar uma de pela-saco (otário) e tomar bola (levar um cacete), certifique-se de que a lia (menina) a ser abordada não é alemã (inimiga). O choque de monstro (paquera) é bem simples. Quando começar o pancadão (música agitada), você se faz de sangue-bom (amigo) e puxa a mula (vai na frente do trenzinho, dançando). Depois que levar uma sinistra (dedada) e não quicar serim (brigar sozinho com o inimigo, sem ajuda dos outros), chame a lia (vagabunda) para tomar uma besteira (cerveja) e pergunte se ela gosta de dançar funk (foder). Caso ela sorria realce (marotamente), está no papo. Aí é só levar na escama (conversa) e torcer pra não pintar sujeira (alguém lhe dar dois tiros no quengo e desovar seu corpo no rio da Guarda). Além do susto (risco de vida) que se corre, paquerar em baile funk (puteiro) parece coisa de maluco (viado).

Em festas raves

Se você ainda não sabe, festas rave (pronuncia-se "reive") são aquelas festas originárias do movimento *acid house* da Europa, que aportaram com força total no país e rolam nas quebradas mais *undergrounds* possíveis. Entre os frequentadores das raves, só há uma característica comum: a faixa etária. Jovens entre 18 e 35 anos, de todas as classes sociais, etnias e estilos que se reúnem semanalmente só para se divertir e, eventualmente, trepar com parceiros desconhecidos em sítios secretos longe da cidade. Para isso, enfrentam uma verdadeira maratona, que começa tentando descolar o *flyer* (convite em forma de filipeta) com as indicações de onde acontecerá a festa.

Com o endereço na mão, começa a viagem de pelo menos uma hora de carro seguida pela caminhada de dois quilômetros entre o estacionamento e a pista de dança no meio do mato. Tudo isso para desembolsar cerca de R$ 20 pela entrada e passar de seis a oito horas dançando todos os estilos de música eletrônica.

Programa de índio? Claro que não. Como nesse tipo de festa só tem putas, nerds e viados, um macho de verdade sempre acaba se dando bem. A onda é sacar o perfil da futura vítima e fazer um *approach* de respeito. A título de ilustração, aí vão os principais tipos que frequentam as raves. O resto é por sua conta e risco:

Deslumbrada – Ela acha tudo lindo. Diz que sua vida não vai ser mais a mesma depois de uma noitada dessas. Viaja no visual psicodélico dos canhões de luz, entra em órbita com os clipes do telão e pira nas performances de malabarismo dos dançarinos de break. Sempre que pode, tenta tocar o raio laser (da pista 2) com as mãos. Usa Adidas para dar um visual predominantemente esportivo. Bebe cerveja em lata e masca chiclete.

Tecno-hippie – Ela adora as coisas da Índia, música trance, comida orgânica e acha que as raves têm a vibração de Woodstock. Entra em comunhão com a natureza de manhã e se transforma em wicca ao entardecer. Usa roupa de brechó (calça boca de sino, camiseta colorida desbotada pela técnica tie dye, sapatilha chinesa). Fuma maconha com a tarimba de um músico jamaicano. Gosta de sexo tântrico e usa longos cabelos de trancinhas embaixo do sovaco.

A Fina – Ela chega às 6h, é reconhecida por todos, mas fala com poucos, embora sorria para muitos. O cabelo, quanto mais desbotado, melhor. Roupas, só de grife. Vai montada, mas não se incomoda com a lama ("faz parte, né?"). Não se exalta na pista, só bebe suco de laranja e, depois que é clicada por um colunista social, vai embora na miúda.

Voltei de Londres – Ele foi gostando de Caetano Veloso e voltou com todos os discos do Prodigy. Sofreu mutação: gasta seis horas para pintar o cabelo de lilás, usa um piercing discreto na sobrancelha e trouxe na bagagem óculos de lente amarela. Usa cordão com medalhinha de São Jorge por cima da camisa. Toma bolinhas com uísque e pede cigarro pra todo mundo. Tem toda pinta de fresco.

Cyber-mano – Ele guarda toda sua grana para comprar roupas do Herchcovitch no mercado Mundo Mix. Tinge o cabelo em casa de vermelho, azul, verde ou todas as cores juntas. Bebe vodca no gargalo. Anda em grupos e tem de se virar, depois da festa, para descolar uma carona até o Centro. Apesar do bigode e das costeletas *Elvis-não-morreu*, tem o maior jeitão de bissexual.

Puro êxtase – Ela faz o tipo *clubber* Barão Vermelho. Usa bota de salto alto até o joelho, roupinha sensual (minissaia-decote-alcinha). Não dispensa plumas, pelúcia, boá. Cabelo curto, cheio de presilhas e maquiagem colorida (com detalhe de purpurina). Dança em cima das mesas ou o mais próximo possível da cabine de som. Chupa pirulito e faz bolinha de sabão. Ri pra todo mundo, mas não fica com ninguém.

Pussy Power – Ela faz o estilo "vestida para matar": cinta-liga negra, lingerie vermelha supersexy, sapatinho de verniz, chapéu de cowboy, óculos gatinho espelhado e capa de chuva transparente. Bebe todas, cheira todas, fuma todas, dança pra caralho e é a primeira a chamar os seguranças depois que leva uma dedada. Também, com aquele bundão todo, queria o quê?

Neonerd – Ele trabalha com publicidade, descobriu recentemente esse novo mundo e não pode ficar por fora da última onda. Tem um leve ar debiloide, e os óculos, amarelos, são de grau, mas ficam na bolsa. Traz água mineral de casa. Visual de transição entre a normalidade e acessórios da cultura *clubber*. Com um pouco de conversa, ele confessa que já deu a bunda ("mas foi só uma vez e eu estava bêbado"). Não dança nem morto.

Drag Queen – Elas são a mulheres mais bonitas da festa. O inconveniente é que riem alto, mijam em pé e, na maioria das vezes, têm um pau maior do que o seu.

Girlie Wear – Ela usa regata branca com a alça do sutiã preto aparecendo por baixo, minissaia jeans e tênis Nike. Cabelo curto, estilo militar, rosto limpo de maquiagem, apenas com delineador branco. Tem hálito de bituca de Marlboro junto com resquícios de pizza de alho da noite passada. Não, você não se enganou, ela é uma tremenda lésbica.

Tecnoboy – Ele dança olhando para cima, de olhos fechados e sacudindo os ombros. Camisetas justinhas da Forum, Ellus e Zoomp, de preferência com uma listra horizontal no peito. Xadrez também pega bem. Bebe Gatorade e limpa o suor do rosto com uma flanela vermelha, que depois fica pendurada do bolso traseiro. Leva o maior jeito de peroba.

Mama África – Ela usa roupas de motivos tribais e dança como se estivesse em transe mediúnico. A boina tem as cores da Etiópia (vermelho, preto e amarelo) e sobram miçangas coloridas nos *dreadlocks*. A pele brilha de suor. O cheiro de futum que sai de suas axilas lembra um beise malhado com bosta de vaca. Só de manhã cedo ela vai perceber que estava na festa errada. Até então, jurava que estava participando de um ensaio do Olodum.

Sexy-boy – O corpo musculoso é de marombeiro. Ele tem cabelo parafinado, um piercing no nariz e outro na língua. Fica de braços cruzados, assistindo a tudo, até tirar a camiseta. Aí você vê que tem piercing no mamilo também. Dança olhando para o chão, fechando os olhos, com as mãos na cintura e rebolando os quadris. Costuma pagar boquete para arranjar grana para comprar o próximo ecstasy. Não, ele não se considera viado, mas apenas um cara moderno.

Perdidão – Ele não sabe o que está fazendo lá, nem como chegou. Sua maior diversão é reparar nas roupas "muito loucas" dos outros. Como sempre, já chega morto de bêbado. É o único que passa cantadas, pra lá de manjadas, em toda mulher que entrar no seu campo visual, mas acaba sempre ficando na mão. Se não abrir os olhos, você vai entrar pro time.

Capítulo 6

O que elas querem é phoder

Qualquer cidadão brasileiro, maior, vacinado e reservista se amarra em fazer uma boa putaria, e a grande putaria é que ninguém tem coragem de admitir. A verdade é que desde que Adão comeu a maçã, a Eva e a serpente, na primeira suruba com zoofilia e clorofilia da história, o ser humano vem inventando mil e um macetes para atingir um êxtase mais profundo, mais demorado e mais pleno de satisfação sexual. Usar supositório de cocaína não tem nada a ver com isso.

Esses macetes, batizados pela dupla sertaneja Masters & Johnson de Sexual Positions, foram catalogados, inicialmente, no *Kama Sutra*, o livro sagrado dos sacanólogos de plantão. O verdadeiro macho pode até não saber de cor e salteado todas as posições sexuais catalogadas no Kama Sutra. Mas tem que fingir que conhece e se referir às mais complicadas com um certo ar de enfado. Como se ele não tivesse feito outra coisa na vida a não ser foder em pé, balançando-se numa rede, com uma mulher gestante.

Mas não se prenda demais às teorias: jogo é jogo, treino é treino. É trepando, ou melhor, jogando, que se melhora o próprio jogo. O importante é saber guardar a nega no fundo do filó, tanto faz se for utilizando as mãos, dando carrinho, de trivela, com folha seca, de meia bicicleta, completamente impedido, de bicuda, com a canela, de peixinho, driblando o goleiro ou entrando com bola e tudo. A título de orientação, vamos descrever as práticas mais corriqueiras. Limite-se a memorizar os nomes. É o bastante se você não se chamar Madonna nem pretender frequentar seminários de sexólogos.

Quando a mulher, pendurando-se ao homem como uma jiboia enrosca-se no tronco de uma árvore, puxa-lhe a cabeça para a sua, desejando beijá-lo e emite baixinho um gemido de "estou com a xereca pegando fogo", abraçando-o e olhando-o com lubricidade, tal abraço tem o nome de "a cobra vai fumar" e não deve ser praticado por mulheres obesas ou que tenham mau hálito.

Quando a mulher, havendo pousado um dos pés sobre o pé do amante e o outro em uma das suas coxas, passa-lhe um dos braços pelas costas e o outro sobre os ombros, emitindo baixinho sons semelhantes ao arrulho de pombo e deseja, por assim dizer, obter um beijo, tal abraço tem o nome de "oi-trepa-no-coqueiro-tira-coco".

Quando um homem e uma mulher abraçam-se como se um quisesse penetrar no corpo do outro, estando a mulher sentada no colo do homem, chama-se a isso de "Primeira Lei de Newton" e é danado pra deixar o cara rendido.

Quando o homem beija o lábio superior de uma mulher, enquanto ela beija-lhe o lábio inferior, temos "o côncavo e o convexo". Quando um deles prende os lábios do outro entre os seus e introduz a língua até a epiglote, temos o "beijo de língua". É excelente para curar soluço, mas também pode provocar a morte por asfixia.

A mordida que apenas se nota pela excessiva vermelhidão da pele no lugar atingido e que, no dia seguinte, vira uma mancha arroxeada chama-se a "marca do morcego". Deve ser aplicada exclusivamente no pescoço de mulheres brancas.

A mordida cuja marca em forma de círculo é desigual, resultante do espaçamento entre os dentes é chamada "nuvem partida", "nuvem passageira" ou "cavalo doido". Deve ser aplicada nos mamilos, calcanhares e próximo ao umbigo de mulheres ligadas à causa indígena.

A mordida que consiste de muitas filas de marcas próximas entre si, com intervalos vermelhos entre uma e outra, é chamada de "mordida do javali" ou "boquete do curupira". Deve ser aplicada, preferencialmente, na bunda, nas coxas próximo à virilha e no cangote das militantes do Greenpeace ou de ativistas do Partido Verde.

Quando as pernas do homem e da mulher jazem estendidas umas sobre as outras, chama-se "posição cerrada" ou "papai e mamãe". Ela pode ser de dois tipos: lateral e frontal, segundo o modo como os dois estejam deitados. É uma posição recomendada para iniciantes ou para casais paraplégicos.

Na clássica posição lateral, também chamada "titia e sobrinho" ou "padrasto e enteada", o homem deve jazer invariavelmente sobre o flanco esquerdo, fazendo assim com que a mulher fique sobre o direito e ele possa apreciar a bunda da vadia no espelho da penteadeira. Ou vice-versa.

Quando a mulher entrelaça uma das coxas com a coxa do amante temos a "posição entrelaçada" ou "do sauim de coleira". Se o homem ficar de joelhos, vira a "posição do mico-leão-dourado". Se ficar de cabeça pra baixo, vira a "posição do caxinguelê", e o filho da puta, se não for contorcionista, só pode ser praticante de ioga.

Quando a mulher prende à força o cacete em sua xoxota, depois que ele está dentro, diz-se que a mulher tem "bezerro". Se a sensação for de que o pau está entrando num moedor de carne, diz-se que a mulher tem "bezerro premiado em exposição".

Quando a mulher, deitada de costas, eleva completamente as coxas, chama-se "posição da tartaruga ninja emborcada". Se o homem estiver por cima, apoiado pelos cotovelos, chama-se "Elevador Lacerda". Se estiver apoiado pelas mãos, com os braços estendidos, chama-se "Metrô de Superfície".

Quando ela ergue ambas as pernas e coloca-as sobre os ombros do amante, trata-se da "posição escancarada" ou "frango assado". Se a mulher estiver menstruada, vira "galinha de cabidela". Se o pau estiver no ânus, vira "frango xadrez".

Quando as pernas da mulher são dobradas e mantidas de encontro ao peito do amante, chama-se "posição comprimida" ou "da codorniz grelhada". Se for no ânus, vira "faisão doré". Se, na posição anterior, apenas uma das pernas é estendida, temos a "posição meio comprimida" ou "saci-pererê", e é danada pra dar cãibra.

Quando a mulher coloca uma das pernas sobre o ombro do amante e estende a outra e, em seguida, põe esta no ombro do amante e estende a primeira, continuando a fazer isso alternadamente, eis a posição conhecida como "rachar o bambu" ou "andar de bicicleta". Se for ao ar livre, vira "mountain bike". Nesse caso, cuidado com as ferradas de tucandeiras e piuns na bunda.

Quando uma das pernas da mulher é colocada sobre a cabeça do amante e a outra é estendida, chama-se "bater o prego" ou "espaguete ao funghi". Se for no ânus, vira "fettuccine ao sugo". No caso da mulher ser oriental, chama-se "ebi no massago yaki" e é danado pra dar azia. Ou azar, se ela tiver alguma pendência com o Serviço de Imigração.

Quando a mulher curva ambas as pernas de encontro ao próprio estômago, trata-se da "posição do caranguejo" ou "do bate-estaca". Se a penetração for no ânus, vira "apfelstrudel" (nome de uma famosa sobremesa austríaca também conhecida como folhado de maçã), porque, depois que terminar, é bem capaz de o homem querer lamber o prato e pedir pra repetir a dose.

Se o homem estiver deitado e a mulher se sentar em cima, afastando bem as coxas, mas mantendo as plantas dos pés coladas, chama-se "posição de lótus", e, se o cara não for seguidor de Rajneesh ou budista, nem é bom tentar.

Se ela ficar sentada, subindo e descendo no mastro e jogando beijinhos, vira "carro alegórico". Se na hora do orgasmo ela começar a gritar, arrancar os cabelos e segurar a cabeça como se fosse perder o juízo, chama-se "Pierrot, le fou". Ou "Carmem Doida", se ela nunca tiver visto o filme do Godard.

Quando um homem desfruta de duas mulheres ao mesmo tempo chama-se "ménage à trois". Quando são mais de duas mulheres ao mesmo tempo vira "suruba".

Quando muitos homens desfrutam uma só mulher, que pode ser a esposa de um deles, possuindo-a um de cada vez ou todos ao mesmo tempo, chama-se "sexo grupal" e a mulher do cara, além de puta safada, é ninfomaníaca.

Quando muitos homens desfrutam de uma só mulher à força, e um come a xoxota, outro usa-lhe a boca, um terceiro fica com a bunda e, assim, continuam desfrutando-lhe as diversas partes alternadamente, chama-se "curra", "dar uma geral" ou "também quero, senão vou contar pra todo mundo!".

Quando um homem come a esposa de outro, e este come a esposa do primeiro, temos a "troca de casal" ou suingue. Essa prática deve ser evitada quando um dos homens tiver o pau muito menor que o do outro ou se um deles estiver com gonorreia.

Quando um homem come a esposa do outro, e este fica se masturbando enquanto filma a cena em Mini DV, repetindo em voz alta a cotação do dólar na Bolsa de Nova York, disse que o cara é um *voyeur*, que significa corno convencido.

Quando um homem e uma mulher se deitam em ordem inversa, ou seja, a cabeça de um lado dos pés do outro, e empenham-se em chupar os respectivos sexos, temos o "congresso do corvo" ou "sessenta e nove", que é o número-limite de minutos que alguém consegue chupar antes de doer o queixo.

Quando o homem suspende a mulher pelas pernas e envolve-lhe as coxas na cintura, com a mulher se apoiando com as mãos no chão, e assim, engatados, desfilam em torno da cama, chama-se "carrinho de mão".

Quando a mulher senta em cima do homem e, erguendo um pouco o corpo, cruza as coxas, chama-se "enforcando o Judas". Se a compressão for muito fraca, o pau pode escapulir. Se for muito forte, o pau pode gangrenar.

Quando o homem, durante o coito, gira, sem desprender-se da mulher, enquanto ela o abraça firmemente e os dois rolam de um lado para o outro, temos a "posição helicóptero" ou "codinome beija-flor". Se for a mulher que tomar a iniciativa do giro, vira "furacão Elis".

Quando o homem e a mulher se apoiam um de encontro ao outro ou se encostam em alguma parede e assim, de pé, empenham-se em realizar o congresso, temos o "paso doble de Gardel". Se os parceiros conseguirem se ajoelhar, vira "pas-des-deux de Nijinski".

Quando o homem se encosta em uma parede, tendo a mulher sentada sobre suas mãos unidas, e ela envolve-lhe o pescoço com os braços e, passando-lhe as coxas pela cintura, movimenta-se com os próprios pés apoiados à parede na qual se encosta seu amante, temos "o bêbado e a equilibrista". Se depois que gozar o homem abrir as mãos, deixando sua parceira cair no chão, vira "duplo mortal de costas" e pode ser fatal.

Quando a mulher se põe de quatro e seu amante a cobre como um touro miúra, chama-se "posição da vaca atolada". Se a penetração for anal, vira "posição do missionário", porque, como se sabe, a catequese foi um método inventado pela Igreja para fazer com que os índios tomassem no cu.

Quando o homem comprime a xana da mulher contra sua boca ou cai de chupão sobre ela, para amassá-la com o nariz e o queixo, ou mordê-la, ou bater-lhe com a língua ou prender o clitóris com os dentes, ou beijá-lo, deixando os pentelhos dela em desalinho, chama-se "cunnilingus" ou "minete", e é semelhante a tomar sopa de bacalhau num prato cheio de palha de aço.

Quando a mulher prende o pau do homem na boca e tenta engoli-lo com saco e tudo, ou fica passando a língua em volta da glande, retirando o sebinho, mordendo, beijando ao longo do tronco, engolindo de novo e friccionando, com a ajuda das mãos, a chapeleta dentro das bochechas, chama-se "felatio" ou "boquete". Essa prática deve ser evitada se você suspeitar que a mulher é chegada a uma perversãozinha amorosa, ou descendente de canibais.

Quando o sujeito só atinge o orgasmo comendo (em qualquer sentido) cadáveres em decomposição, diz-se que ele é *necrófilo*. Uma variante desse filho da puta se chama "carcará", porque pega, mata e come. Já um *serial killer* é o cara que pega, come e mata.

Chama-se fetichista o sujeito que só sabe trepar se a mulher estiver de cinta-liga, gargantilha com tachinhas douradas, sapato de cromo alemão, capa de chuva transparente e com o rádio sintonizado na Voz do Brasil.

Quando o sujeito só atinge a plenitude sexual fodendo a paciência dos outros (isto é, fazendo perguntas imbecis, contando piadinhas sem graça, fingindo ser íntimo de todo mundo etc.), diz-se que ele é um "mala sem alça". Outra variante desse filho da puta é o "estagiário pentelho", que vive enchendo o saco de todo mundo para ser efetivado na empresa.

Chama-se "fuleiro" o sujeito que torce por algum clube de merda, está há mais de dez anos sem comemorar um título e deu pra se divertir gozando com o pau dos outros.

Como já foi dito anteriormente, para esturricar um anel de couro com elegância não basta atochar a caceta no cu da menina de qualquer jeito. É preciso técnica. Para começar, é preciso saber preparar a rosca.

A princípio, nenhuma mulher gosta de levar uma pombada no meio da bunda, sem mais nem menos. Introduzir o dedo maior de todos no buraco negro durante uma relação vaginal em que a mulher esteja por cima do sujeito pode ser um bom início. Se ela não pedir pra tirar, introduza, também, o anelar e depois o indicador.

Recebido o salvo-conduto, será necessário amolecer a rosca da menina. Um bom lubrificante, como o K-Y gel, ajuda, mas o fundamental é dar elasticidade ao músculo rugoso do esfíncter com o trabalho conjunto dos três dedos. Dar um banho de língua no "boca de macaco" pode ajudar a vencer as últimas resistências.

Para mulheres principiantes, o melhor coito anal é o de quatro. Primeiro porque as nádegas ficam escancaradas, deixando o caminho livre para a introdução do membro. Segundo porque dá ao homem total controle do coito, o que é fundamental para uma entrada tranquila e sem dor. Nessa posição qualquer cacete, por mais volumoso que seja, consegue consumar o fato. O mais difícil é passar a cabeça, mas como pau não tem ombros...

Deixar a mulher sentar no seu cacete é uma atitude ousada e repleta de riscos. É uma posição deliciosa, claro, onde a penetração é total, mas se a sua parceira for muito afoita ou inexperiente pode deixar o corpo despencar inteiro em cima do seu mastro. Aí não tem jeito: ou acontece lesão escrotal ou esfolamento peniano. Em qualquer situação, seu melhor amigo vai sair do campo de maca.

Como se sabe, há muito tempo vem se alimentando o dilema do melhor cu. Qual seria o melhor cu? O melhor cu é o mais bonito? O melhor cu é o mais cheiroso? O melhor cu é aquele que dá pra meter sem dó, enfiando até os colhões? O melhor cu é o cu arte, o cu moleque, o cu de várzea ou o cu força, o cu retranqueiro, que joga fechadinho lá atrás? Ou cu é que nem porteiro de boate, importante é quem ele coloca pra dentro? E como saber se o cuzinho que você vai comer é sangue bom ou vai te deixar na merda?

Com uma relativa experiência no assunto, catalogamos os principais tipos de lortos, seus comportamentos durante o "ô abre-alas que eu quero passar" e as técnicas específicas para enrabá-los. Façam bom proveito.

Curupira – Esse tipo de cu já faz parte da lenda e do folclore brasileiros. Vive nas matas e sempre dá a impressão de estar chegando, quando na verdade está indo embora. Você tem de ser jeitoso, senão ele escapa e dá no pé. Ajuda embebedar um pouco a dona do curupira com uma boa cachaça mineira. Percebendo que você é do bem e que não vai machucá-lo, o curupira vai relaxar e se entregar aos poucos.

Mas depois que enfiar a cabeça, não tire mesmo que apareça uma caapora no quarto. Arisco aos extremos, o curupira vai se aproveitar desse vacilo e sumir no mato. Ou do quarto, o que dá no mesmo.

Cucurucucu paloma – Cu portenho, chegado num drama e num belo tango. É quente e fogoso, mas, como todo argentino, no final acaba fazendo merda. Ele tem uma relação com a paloma ("pomba", em castelhano) de amor e ódio. Às vezes se mostra nostálgico ou sensual; outras vezes, contestatório e rebelde, o que leva a gente a nunca saber direito se a dona é uma casta e pura donzela ou uma "milonguita" (prostituta) incendiária. Se o tango é uma ideia triste, que se pode dançar, o cucurucucu é um cu catimbeiro, que pode ser sarcástico e engraçado e também sério e sofrido. Parodiando Jorge Luis Borges, pode-se dizer que esse cu, tinhoso e ao mesmo tempo modesto, tem seu lugar *saleroso* nas mil picas do Universo.

Caracu – Escuro e encorpado, tal e qual a cerveja que leva seu nome, o caracu é uma delícia. É um cu para ser comido no final do dia, durante o happy hour. Mas jamais em uma roda de amigos e muito menos ao som de pagode. Ele aguenta com estoicismo os dois ovos em cima, ou seja, seu calibre é adequado para uma penetração total. Convém não abusar demais, ou você fica viciado. Nesse caso, seu leite não vai engrossar; vai ficar é cada vez mais ralo, podendo despertar suspeitas da radiopatroa. Se você for dirigir depois de traçar um caracu, cuidado, que pode ser perigoso. Suas pernas vão estar tão bambas que não vão obedecer aos impulsos cerebrais.

Cupuaçu – É um cu para ser comido em pé, o que vai exigir, no mínimo, que você tenha um bom preparo físico e uma capacidade de contorção acima da média. De sabor doce e intenso, é nativo da região amazônica, mas também brota nas grandes cidades. É encontrado nas melhores casas do ramo, nas festas e lugares mais exclusivos e já foi patenteado até pelos japoneses. Fica ainda mais gostoso quando maduro. Como é uma fruta exótica, pode custar caro. Não fique surpreso se, ao retirar o pau, ele surgir com uma cor indefinível na crosta. Trata-se do famoso creme de cupuaçu, que é uma bosta!

Cunhada – É isso mesmo que você está pensando. Trata-se do cu da irmã da sua mulher, casada com aquele sujeito folgado e metido a gostoso, que todo fim de semana vem filar cervejas na sua casa, usar seu computador para surfar na internet e contar bravatas sobre as colegas de trabalho. Não esquente. Por mais insistentes que sejam as investidas dele, não tem jeito. A danada da esposa só oferece a rabiola para você e para outros fornecedores de cerveja para o cascateiro folgado.

Cumbuca – Lembra do ditado "macaco velho não mete a mão em cumbuca"? Pois é, esse exemplo é perfeito. Apesar de instalado em bundas meia trava, sem muita massa glútea, trata-se de um cu apertadinho, quase virginal, semelhante a um moedor de carne. Desconfiado e pouco experiente, ele pode apertar você e não soltar mais. É um dos poucos que você tira o instrumento sem vestígios de cocô, porque o cumbuca, ainda por cima, é autolimpante. Infelizmente, esse tipo de cu é coisa rara: em função da propaganda boca a boca dos machos e a sua perseguição implacável, ele acaba perdendo o viço com o passar do tempo.

Culatra – De acordo com o dicionário, é a parte posterior de uma peça de artilharia. Esse cu é fogo. Instalado nas chamadas falsas magras, é difícil de encontrar, difícil de convencer e difícil de comer. Mas, uma vez carregado, prepare-se, porque você vai precisar de muita munição para fazê-lo feliz.

Culandro – Esse é o famoso cu malandro. Ele vai brincar com você de gato e rato até o último minuto. Às vezes dá e às vezes não. Você tem de ser ainda mais malandro do que ele, pois esse é um cu que procura levar vantagem em tudo. Vai sempre tentar levar você na conversa, tipo: "Ok, mas só o dedo mindinho e chega." Sua agilidade em substituir o mindinho pela pomba pode definir o jogo, que não pode acabar num desmoralizante zero a zero.

Curimatã – Dá muito na água, seu hábitat. Alega que lá é mais fresquinho, que dói menos. Enfim, é um cu aquático, meio escamoso e cheio de espinhas. Vive em rios, represas e banheiras de hidromassagem, onde geralmente faz seu ninho. Com espuma, ele fica ainda mais escorregadio. O negócio é arpoar e esperar o resultado. Deve ser comido de preferência cru.

Cut – É o cu engajado, que só dá para companheiros do partido e alguns camaradas do peito. Um cu de luta, militante, subversivo. Você não precisa nem insistir que ele vai à rua lutar pelos seus direitos. Apesar de estar sempre na oposição, adora dinheiro, luxo e badalação social. Deve-se comer com parcimônia e ter cuidado para o sacana não entrar em greve.

Curare – Cuidado! É um cu venenoso que quando malcomido pode sair por aí destilando veneno para os outros cus, que prontamente sairão correndo ao ver você chegando perto. Suas portadoras são mulheres com piercing nas sobrancelhas, cabelos pintados em cores berrantes e maquiagem pesada, do tipo que se embriaga com facilidade e ri alto. Desse cu você tem de manter distância a todo custo. O problema é que você só descobre o curare depois de algum tempo, quando seu nome cair na boca do povo. Fique de olho no olho desse cu.

Cupido – Também conhecido como cu de anjo barroco, trata-se do cu de loura original de fábrica. Como se sabe, em toda loura puro-sangue a auréola do cu é cor-de-rosa ou, em alguns casos, vermelho-claro. Cu não mente. Uma falsa loura pode facilmente pintar os pentelhos com água oxigenada, mas o entorno do quincas jamais. Loura que possui o cu com pigmentação negra ou arroxeada, pode ser tudo na vida, menos loura autêntica. De qualquer forma, o cu da loura falsa tem muito mais vantagens porque o cupido é pouco resistente e arromba-se com facilidade. Na segunda penetração, você não vai precisar nem dar a clássica cusparada, porque o bicho já está mais escancarado que a defesa do Botafogo e isso, convenhamos, tira a metade do prazer.

Curiboca – Esse é uma iguaria fina. Suas proprietárias são caboquinhas interioranas de tez morena, lábios carnudos, olhos brilhantes, aparentemente ingênuas, mas que se transformam num verdadeiro furacão durante os embates de Eros. O curiboca é um cu valente, cu de luta, cu igual ao tucunaré, que não se entrega com facilidade. Afinal de contas, um cu de respeito tem de ter fibra, tem de dar trabalho, tem de resistir com bravura às investidas da pomba, se não perde toda a graça. O curiboca está nessa categoria. Ele é um campeão do Ultimate Fight Championship. Você pode lambuzar o pau de K-Y gel e atochar o lorto da garota com vaselina líquida, que só vai conseguir introduzir a cabecinha depois de 15 minutos de combate. E, para cada dois novos centímetros de penetração, vai passar pela mesma agonia anterior. Quer dizer, você não come um curiboca com menos de três horas de luta. Mas vale cada gota de suor gasta no sacrifício.

Cuviara – Também conhecido como cu Lada, numa justa homenagem ao famoso automóvel russo que substituiu o fusquinha no coração dos brasileiros durante a era Collor. O cuviara, assim como o Lada, é aquele cu que sempre deixa você na mão. Ele se arromba logo na primeira estocada. Quer dizer, você está ali no bem-bom, empurrando devagarinho, quando vupt!, entrou até os colhões. O pior é que, além de perder as pregas no início da peleja, ele sangra com facilidade, a proprietária chora, xinga, pede pra tirar, diz que não está aguentando de dor, enfim, só dá aporrinhação. Melhor passar batido a experimentar.

Cumeeira – Trata-se daquele cu preto, arroxeado, quase cor de açaí, localizado no ponto extremo de dois montes Fuji de simetria perfeita. Para muitos especialistas, este é o melhor cu que existe e suas donas são quase sempre mulatas ou morenas cor de jambo. O cumeeira está sempre apertado, exige escarrada e, em muitos casos, o lubrificante K-Y gel misturado com Bardhall B-12. O mais interessante é que, por maior e mais grossa que seja a vara do usuário, ele volta à condição original em menos de meia hora. Darwin morreu sem concluir que o cumeeira é o verdadeiro elo perdido da civilização.

Curuzu – O Aurélio diz que curuzu é sinônimo de "bolo fecal", o que já deve deixar os paraenses injuriados com a história do Paysandu ser o "papão da Curuzu". De qualquer forma, o curuzu vive escondido em bundas extremamente roliças e bem fornidas, cujas donas são exibidas e galinhas, mas juram que nunca deram o brioco pra ninguém. Você vai ser sempre o primeiro. Também não custa lembrar que quanto maior a bunda pior o cu. Por que você acha que John Lennon pegou aquela cisma com Yoko Ono e mandou os outros três beatles pra puta que pariu? Porque japonesa não tem bunda, e a distância entre o cu e as nádegas é quase zero, o que significa aproveitamento total da vara. Já o bundão tipo curuzu consome 35% da vara só na entrada. Você enterra tudo até os ovos e a proprietária ainda humilha: "Mete tudo logo, meu bem, que não estou sentindo nada!"

Cutuba – Do tupi *ku'tu bae*, o que fere. Esse é um cu muito bom, bastante apreciado e poderoso, conhecido vulgarmente como cu quebra-molas. Na verdade, ele proporciona três trancos no início da penetração. Seu design arrojado exige muita técnica do usuário, pois cada tranco corresponde a um grito. A Organização Mundial da Saúde e a Sociedade Mundial dos Artistas Circenses recomendam travesseiro na boca da proprietária para que a vizinhança não chame a polícia. Mas, cuidado. Sem lubrificação adequada, o cutuba pode arrebentar o cabresto do usuário. Aí é só imaginar você chegando na emergência do hospital com o bráulio jorrando sangue feito chafariz, em meio a risinhos sarcásticos de enfermeiras e médicos plantonistas.

Cuiarana – Instalado numa bunda semelhante a cuia de tacacá, o cuiarana só se entrega no escuro e por isso muita gente o chama de "montanha-russa espacial". Em geral as proprietárias são aquelas mulheres tímidas que gostam de dar no breu total, mandam apagar a luz e fechar a cortina, e o cidadão tem de comer esse cu em braile, enfiando um dedo aqui, outro ali, dando uma cusparada aqui, outra acolá. Recomenda-se uma rajada de Dermacyd na cabeça do pau porque ninguém sabe o que está por vir.

Cuiara – Outro tipo de cu esperto, velhaco, matreiro e mau-caráter. Com ele, todo cuidado é pouco. O cuiara também gosta de ser fodido no escuro mas por motivos hediondos: ele desvia o pau para a boceta e muitos sujeitos não percebem. Por isso, para evitar constrangimentos durante a relação, assim que suspeitar da presença de um cuiara, você tem de ser mais velhaco ainda. Tão logo termine de penetrá-lo, enfie um dos dedos na boceta da proprietária. Se não encontrar nenhum corpo cavernoso no local, você estará, de fato, comendo o cuiara da cidadã.

Curumba – Típico de mulher madura e bem resolvida, esse cu só dá de saia levantada, como se fosse a Marilyn Monroe em cima de um bueiro. Jamais aceitam que a proprietária tire a roupa. O curumba gosta da tensão de alguém estar chegando, a proprietária olha tensa de um lado pro outro, e manda o sujeito ir rápido, como fazem os cardeais, padres, seminaristas e outros alces da nossa Igreja Católica quando dão a bunda para jardineiros, bombeiros hidráulicos e outros cabras safados. O curumba é um cu assustado.

Cutiliquê – É um cu sem importância, de pouca monta, normalmente encontrado em mulheres que mal você botou o pau pra fora já estão pedindo pra serem enrabadas, sem cuspe nem vaselina. E, quando você percebe, o lugar é mais folgado que cueca samba-canção. Seus movimentos, em vez de serem pra frente e pra trás, têm de ser também pra cima e pra baixo, senão ela nem percebe o que está acontecendo. Ele é encontrado facilmente no mercado, pois a proprietária jamais goza. Por causa do seu peculiar tamanho GG, o cutiliquê precisa de um instrumento típico de jegue.

Custódia – Também chamado de "buraco negro", ele é uma verdadeira surpresa. Quando você enfia a chapeleta, o custódia automaticamente se retrai, como se estivesse guardando uma duplicata, e suga o resto do pau pra dentro, com incrível facilidade. Você tem de fazer um puta esforço para se livrar da força de sucção do sacana e dar pelo menos umas três estocadas. Tem o efeito inverso do anterior, pois como o homem mal consegue se mover, a mulher sempre goza primeiro. Aí, no mínimo, ela vai passar o resto da transa pedindo pra você tirar o pau e discutirem melhor a relação. Mulher é igual a homem: depois que goza, quer mais é que o parceiro se foda.

Curioso – É um cu jovem, imaturo e inexperiente, que vai enfrentar a fúria dos deuses pela primeira vez. Ao ver o tamanho do pau e comparar com seu buraquinho virginal, o curioso se pergunta: "Será que vai dar?" Mas depois que ele relaxa, entra até os ovos. O único senão do curioso é que ele não gosta que o homem fique tirando e botando o pau, naquele frenético vaivém. Ele prefere ficar rebolando. Muitos homens não gostam disso, mas as mulheres admitem que é o melhor jeito para quem está iniciando. Em função da falta de experiência, o sexo anal quando praticado com um curioso pode provocar algumas fissuras. Inclusive a fissura de dar o cu.

Culote – Trata-se do tipo de cu encontrado em bundas tipo pera, que são bundas semelhantes àquela famosa calça militar usada na cavalaria (larga na parte superior e justa no joelho). As donas de bundas tipo pera são em geral grandes potrancas e ótimas fodedoras. O problema é que, como a bunda cresce para os lados, o culote sofre um deslocamento vertical e acaba se localizando numa região de difícil acesso para ser comido por trás. Assim sendo, o culote é o único tipo de cu que só pode ser comido exclusivamente pela frente, na posição frango assado.

Curado – Também conhecido como "cu de mineira" ou "meia cura das Alterosas", é considerado o melhor cu do mundo, um cu tipo exportação. Ele é volumoso, mas não muito. Salgado, mas não muito. Apertado, mas não muito. Tem "flocos crocantes", mas não muito. E o melhor de tudo é que a proprietária trabalha em silêncio, aguenta a vara com estoicismo e resignação, sem dar um pio. Quem come um curado nunca mais fica curado da vontade de comer cu.

Existe ainda um sem-número de taras, perversões e situações sexuais inimagináveis. As pessoas interessadas em se aprofundar no assunto devem consultar os livros *Psychopathia sexualis*, de Krafft Ebing, *A filosofia na alcova*, do Marquês de Sade, as obras completas de Restif de la Brettone, *O manual do podólatra amador*, do Glauco Mattoso, e o livro de memórias póstumas do PC Farias, *Como foder um país*.

Capítulo 7

Barangas, dragões e outros bichos escrotos

Não basta saber que existem mulheres feias e mulheres bonitas. Isso é o de menos. O verdadeiro macho deve ser capaz de identificar, com uma simples olhadela, quem é quem na fauna feminina e, a partir daí, armar sua estratégia de ataque. Ou de defesa.

Não sendo dado a vícios extravagantes, paixões teratológicas e desvios comportamentais, você precisa, mais do que nunca, aprender a conviver com os diversos tipos de mulheres existentes no planeta, sabendo a verdadeira diferença entre uma baranga e uma mocreia, entre uma mocoronga e um bagulho, entre uma lebre comum e uma lebre imperial. Estude as definições seguintes e comece a treinar junto ao círculo feminino (no bom sentido) que você frequenta. Um novo mundo, ainda inexplorado, irá se descortinar pra você.

A lebre

Qualquer mulher que lhe desperte a libido ou o deixe de pau duro. Diz-se também de certas fêmeas das quais é impossível não olhar uma segunda vez, conferir o volume do traseiro, ficar levemente excitado e confessar aos amigos: "Essa mulher me fala ao pau." Apesar da variedade de estilos, as lebres podem ser classificadas em três categorias básicas: Lebre imperial, também conhecida por máquina, pantera ou monumento (modo de emprego: "Tô a fim de tombar aquele monumento"). As lebres imperiais geralmente trabalham como top models ou atrizes em início de carreira e se amarram em fazer ensaios fotográficos para revistas masculinas. A maioria é agenciada por algum fotógrafo viado e, na realidade, não trabalha como modelo porra nenhuma: trabalha é como scort de luxo para empresários, políticos e outros putos cheios da grana, em festinhas movidas a sexo e cocaína. Arrogantes e semi-alfabetizadas, gostam de música caipira e de Julio Iglesias, só leem a revista *Contigo!* e as colunas sociais dos jornalões, usam roupas pra lá de provocantes, cobram (em dólares) pra trepar e, na hora da cama, não mexem nem os olhos pra não escorrer o rímel. O segundo tipo se chama Lebre real, também conhecida por princesa, gostosa ou tesãozinho (modo de emprego: "Tem uma gostosa ali dando o maior mole"). As lebres reais, quase sempre, são secretárias executivas de multinacionais, caixas de banco ou vendedoras de boutiques sofisticadas. Bem-humoradas e espirituosas, cursam alguma faculdade noturna na área de Ciências Humanas, gostam de discotecas e filmes de ação, compram livros de Sidney Sheldon, usam roupas de grife, trepam por amor, mas com uma semana já querem noivar ou namorar de porta. O último tipo se chama Lebre comum, também conhecida por boyzinha, gatinha ou safada (modo de emprego: "Acho que vou arrastar uma daquelas safadas"). Via de regra, sem ser boceta, elas não trabalham, mas frequentam academias de aeróbica, praticam natação e balé clássico, fazem curso de inglês ou francês em escolas particulares e disputam desfiles de miss simpatia, garota biquíni, rainha das panteras, garota verão vivo, miss camiseta molhada, essas coisas. Insinuantes e metidas a moderninhas, são repetentes do quarto ano ginasial, gostam de música brega e de Daniela Mercury, colecionam os livros de Paulo Coelho, usam roupas compradas no crediário da Mesbla, trepam por prazer e, quase sempre, são galinhas pra caralho.

O dragão

Balzaquianas em fim de carreira, mas que querem passar por adolescentes, são frequentadoras assíduas de vernissages, bienais, lançamentos de livros, *avant-première* de filmes, estreias de peças teatrais e similares. É fácil identificá-las porque, apesar de caidaças, imitam as lebres reais no uso de roupas de grife: macacão em verniz prateado da Forum, bracelete em prata fosca de Rose Benedetti, camisas com naipe macroscópico da Cat Fish, regatas e shorts em jérsei da Workout, meias bicolores da Ornela, short em paetês da M. Officer, camisas estampadas da Yes Brasil, tamancos de verniz da Icla, legging cor-de-rosa da Daslu, cinto em metal da Jocalis e por aí afora. A combinação estapafúrdia de estilos, o ar levemente intelectual e a disponibilidade pro que der e vier fazem do dragão um elemento sexualmente ativo e perigoso, principalmente porque eles só frequentam bocas-livres onde a birita é de graça e de qualidade duvidosa, fazendo com que os machos fiquem logo de moringa cheia, chamando Jesus de Genésio e urubu de meu louro. Nesse estado etílico, você pode começar a imaginar que embaixo daquela árvore de natal pode estar a Kim Bassinger e se convencer de que dá pra encarar. Daí pra autoestima ir pro fundo do poço é meio caminho andado. Porque, sinceramente, o sujeito que come um dragão e, no dia seguinte, ao vê-lo sem seu traje de guerra (roupa transada, peruca e maquiagem), não faz uma opção decente pela bala na cabeça, não merece ser chamado de macho.

A mocreia

Fêmea com mais de trinta e menos de quarenta anos, experiente, meio viajada, narcisista e ligeiramente provocante. Coxas monumentais em cintas-ligas ou meias Kendall, sutiãs meia-taça, collants verde-limão, microssaias de popeline, trejeitos típicos de cadela no cio, maquiagem pesada tentando camuflar uma fachada de cinismo, a mocreia tem algo de felina: carinhosa e selvagem, patas de veludo e garra afiada, submissa e arredia. Em geral os homens adoram, às vezes acabam se cansando, na maioria das vezes cobrem de porrada. Encontradiças em bares da moda, praças de alimentação de shopping centers e ensaios de escolas de samba, a mocreia está sempre pronta para qualquer negócio, disponível para todas as extravagâncias sexuais, desde que não faltem nem humor, nem carinho, nem piroca. Frequentemente, o velho sonho do homem desconhecido que a olha nos olhos, a pega nos braços, a sodomiza e a abandona sem dizer uma só palavra povoa seu sono. Deve ser porque ela já assistiu cinquenta vezes *O último tango em Paris* e não entendeu porra nenhuma. Mas, cuidado! Sua gentileza extrema, sua preocupação em sempre agradar e aquele corpinho que, olhando bem, ainda pode dar um caldo, não são necessariamente promessas de felicidade. Às vezes ele pode estar apenas escondendo uma doença venérea de última geração.

A jabiraca

Mocreia cheia da grana e frequentadora de colunas sociais, o que lhe dá grande poder de fogo e uma agressividade acima da média. Nutre um gostinho especial pelos combates amorosos ao mesmo tempo assassinos e inusitados. Parte do pressuposto de que, como tem cacife para bancar, os homens são meros coadjuvantes na execução de suas fantasias sexuais: fazer amor ao ar livre em frente ao quartel do Corpo de Bombeiros; interromper aos gritos, completamente nua e bêbada, uma assembleia das Testemunhas de Jeová; obrigar seu parceiro a se fantasiar de Fidel Castro e lhe chupar a xoxota no banheiro da Assembleia Legislativa; se masturbar na pista de dança de uma discoteca da moda enquanto fuma um baseado; ou ser currada por uma galera de cheira-colas, ouvindo o Bolero de Ravel. E não importa se isso machuca. Quando um macho a perturba, um impulso estranho faz com que ela puxe o talão de cheques e pergunte quanto ele quer por uma trepada. Tome cuidado. O dia seguinte com uma jabiraca é quase sempre sinônimo de ressaca braba, depressão caótica e uma angústia capaz de fazê-lo escrever um denso tratado sobre o sentimento trágico da vida. Isso se você tiver sorte de não acordar com um vibrador enfiado até o talo no seu toba.

A baranga

É a mulher feia por excelência. Pode ser filha de socialite com banqueiro, falar catorze idiomas, ter estudado em Harvard, se doutorado em Oxford, exibir um bronzeado do mar do Caribe, passar as férias na estação de Gstaad, trocar de Mercedes todo ano, ter um guarda-roupa exclusivíssimo assinado por Jean-Paul Gaultier, frequentar as Galeries Lafayettes, dançar no Banana Café, ser citada na coluna de Carlos Aguiar, o caralho a quatro. Isso não tem a menor importância: uma baranga é uma baranga é uma baranga. Você vai andando pela rua, alguém mexe, você se vira e pensa que o Homem-Elefante escapou do circo; olha melhor, não é o Homem-Elefante, é uma baranga te paquerando. Perto dela, Madame Min passa por Christiane Tricerri nas peças de Cacá Rosset, e Roni Cócegas, por um clone de Sharon Stone. Se uma baranga interpretasse o papel de Jane tomando banho peladona numa cachoeira paradisíaca, até a Chita, catando piolhos e engolindo, roubaria a cena. Angustiada com a ideia de que os homens estão mais interessados na sua conta bancária do que na sua beleza interior, a verdadeira baranga costuma alternar períodos de euforia e depressão, caracterizados, respectivamente, por uma fome canina e um jejum prolongado. Quando come demais e engorda, cai na abominável categoria do canhão-poranga. Quando jejua e emagrece, cai na não menos terrível categoria do bucho ou bruaca. Em qualquer de suas variantes, entretanto, é sempre uma temeridade participar de um cruzamento com bichos dessa raça. Conta-se que uma baranga, depois de comida, não desgruda mais do cara nem com mandinga feita de urina de preto velho, e a única solução pro sujeito não ser capado pelos parentes da bicha é assumir o casório. Cuidado, principalmente, com as barangas sem dinheiro, conhecidas por muquiranas ou escabrozildas. Aí você está fodido e mal pago, meu irmão!

O bagulho

Desprovidas de qualquer tipo de atrativo sexual ou intelectual, fazem o gênero cão de guarda das suas acompanhantes, aquelas mulheres gostosinhas e meio ingênuas que estão evoluindo de lebre comum para lebre real. Não se sabe bem o porquê, mas o bagulho costuma levar a sério sua função de guarda-costas e, quase sempre, é capaz de rosnar, grasnar, crocitar e mostrar os dentes ao mesmo tempo, dificultando enormemente a aproximação. Caso você consiga a façanha de sentar à mesa sem ter sido mordido pelo cão hidrófobo e entabular um início de conversa com a gostosinha, o bagulho vai puxar o freio de mão com seus toques filhos da puta tipo: "Já tá tarde pra cacilda! Rumbora embora, maninha. Tu não lembra que a gente precisamos acordar cedo amanhã de manhã pra pegar no batente?", "Deixa desses arretamento todo que tu né mulher à toa, guria, e vê se te enxerga!" "Tá coçano, é, santa, tá coçano? Depois que ficar buchuda num vai dizer que num alertei!". E elas devem conhecer pelo menos umas outras duas centenas de frases brochantes de igual teor. Dotadas de um amor-próprio exacerbado e de uma profunda imodéstia, o bagulho não topa foder sob o argumento definitivo de que não quer ficar falada feito a fulana, a sicrana e a beltrana. Como se alguém tivesse coragem de falar que comeu um bagulho. Como se alguém tivesse coragem de comer.

A vaca

Rigorosamente, não se trata de mulher feia. O que é feio, nelas, é o comportamento promíscuo. Costumam trocar de parceiro com a mesma facilidade com que o Brasil troca de moeda e, pelo visto, devem sofrer de furor uterino. O sujeito que encara um relacionamento mais ou menos estável com uma vaca acaba ganhando, pra deixar de ser idiota, um belíssimo par de chifres. Dos 14 aos 17 anos, quando ainda estão no início de carreira, são conhecidas por agulhas, porque só tomam no rabo e nunca perdem a linha. Dos 17 aos 20 viram galinhas, porque não podem ver um pinto que querem logo sentar em cima. Dos 20 aos 30, com a prática continuada e a fama adquirida, entram na categoria do machado, que não podem ver um pau em pé. No estágio terminal, lá por volta dos 35 anos, transformam-se nas terríveis piranhas, pois atacam em bando, não se preocupam em escolher a vítima e fazem qualquer negócio pra morrer na vara. Perto dos 40 anos, depois de experimentarem de tudo e de todos, resolvem colocar o juízo no lugar: fazem uma operação de períneo, implantes de silicone e de pregas, mudam o corte e a cor dos cabelos, entram numa de malhação, conhecem algum coroa podre de rico e, quando menos se espera, estão casando de véu e grinalda, em alguma fazenda do sul do Pará. No fundo, no fundo, mulher é tudo vaca. Ou tem muita vontade de ser.

A quenga

Mulheres casadas que, por uma série de fatores que não vêm ao caso, dedicam-se à nobre arte de costurar pra fora. Quando são oriundas das classes mais abastadas, chamam-se peruas; e entre o pessoal da classe média elas são conhecidas por vadias. Desconhece-se a denominação utilizada pela classe baixa por um motivo lógico: pobre não casa, se ajunta. Por conseguinte, a inexistência do móvel do crime nos possibilita afirmar que não há corno entre o populacho. Tem piolho, fome, beribéri, miséria, sarna, leishmaniose, maleita etc. Corno, não. Persuadidas de que pequenos e charmosos romances ocasionais valem mais que a estabilidade conjugal, as quengas danam-se a frequentar novenas nas terças-feiras, consultórios de dentistas nas quartas, repartições públicas nas quintas e motéis da periferia na sexta, fazendo coisas que até Deus duvida. Seus maridos, também. Carinhosas e generosas, as quengas constituem uma trepada de alto risco, principalmente se engravidarem, forem contar a boa nova pro marido e ficarem sabendo que o filho da puta fez vasectomia há uma porrada de tempo e nunca falou a respeito. Marido de quenga não perdoa, mata. Os dois.

A mocoronga

Ser mutante originário de Santarém, no Pará, acreditava-se que a espécie estivesse em vias de extinção por causa da dificuldade inata de arranjar machos para acasalamento. Estudos recentes, todavia, mostram que as sacanas estão se multiplicando em progressão geométrica e já são a maioria nas redações de jornais. Formadas em sociologia, antropologia, psicologia ou coisa parecida, usam óculos fundo de garrafa, um cabelo que parece ninho de albatroz em dia de chuva, devem praticar esgrima com os cotovelos, o riso lembra uma máscara mortuária do Teatro Nô, são normalmente corcundas, usam calças compridas tipo rancheira que dão à bunda um aspecto de saco de estopa cheio de mexilhões, fumam cigarros light e gostam de afirmar, com ar de superioridade, que toda mulher bonita é burra. Sabem de cor e salteado capítulos inteiros do livro *O mito da beleza*, de Naomi Wolf, e o seu ideal de perfeição plástica feminina atende pelo nome de Rose Marie Muraro. Adeptas do sexo seguro, conhecido por masturbação, costumam publicar artigos bombásticos nas páginas de opinião dos grandes jornais com profecias atemorizantes sobre a escalada da aids ou a proliferação de doenças sexualmente transmissíveis entre os caras-pintadas, levando todo mundo a acreditar que foder, hoje em dia, está matando mais que o trânsito. Mas essa paranoia toda é porque, apesar do esforço, elas não conseguem ser comidas por ninguém. Nem por cego. As sacanas devem estar se proliferando por meio de provetas.

A parahyba

Também conhecida por sapatão, fanchona, mizuno ou machuda, a parahyba tenta provar, na cama, que é superior aos homens porque, sendo anatomicamente feminina, sabe exatamente que carícias uma outra mulher gostaria de experimentar. Com uma vantagem adicional: dedo e língua não engravidam nem passam doenças venéreas; nem, depois que a parceira gozar, vai ter peito (no bom sentido) de pedir à distinta pra ficar de bruços que agora vai botar no enrugadinho. As parahybas costumam andar em bandos, possuem um código de honra inatacável para seus orifícios ("homem não entra") e se comportam igual aos machos, isto é, falam sacanagens, dão em cima das mulheres, cospem no chão, coçam o saco, mijam em pé, pagam as despesas sozinhas e usam camiseta do Flamengo, com bermudão, culhoneira e chuteira meia trava. Extremamente possessivas e arrogantes, gostam de armar cenas de ciúmes, são de pouca conversa, detestam ser azaradas e não querem nem ouvir falar em ir pra cama com um macho. É que elas sabem que, apesar de todos os exercícios que fazem para avolumar o clitóris, qualquer pau em ereção empurra aquela merda de volta pra dentro da boceta. A maioria das parahybas passa a nítida impressão de que foi currada, na infância, por um destacamento inteiro de fuzileiros navais. Só isso explicaria tanto ódio pelo sexo oposto.

Infelizmente não é apenas com as diversas categorias femininas que o macho de responsa deve ter cuidado. Há uma subclasse masculina bastante ardilosa e vulgar, cujo único objetivo parece ser o de nos infernizar a vida. Vamos falar a respeito dos tipos mais comuns existentes nessa subclasse, para que você possa identificar e, se for o caso, encher de porrada.

O corno

A palavra corno vem do latim cornu, nome dado àquele apêndice duro e recurvo que guarnece a fronte de alguns animais. A denominação de "cornudo" ou "chifrudo" atribuída ao homem que é traído pela companheira teve origem na Idade Média. Em algumas regiões da Europa, quando o marido flagrava a própria esposa com outro, ele tinha a obrigação moral de lavar a sua honra com sangue, ou seja, teria de matar os dois amantes. Caso isso não fosse feito, os habitantes da aldeia lhe colocavam na cabeça uma espécie de chapéu com dois enormes chifres ou cornos, e o "chifrudo" era empurrado pelas ruas, sendo motivo de gozação pelas pessoas do lugarejo.

Em Portugal, no ano de 1751, o rei dom José baixou uma lei destinada a proteger os casados do hábito, então frequente, de se colocar chifres nas portas de casas onde acontecia uma traição. Naquela época, em Portugal, quando os amigos ou conhecidos não tinham coragem de contar ao colega que ele (o corno) estava sendo traído, colocavam chifres na porta do corno para alertá-lo do fato. A moda pegou e alguns desordeiros começaram a colocar chifres nas residências, mesmo que o proprietário não fosse corno. Dom José baixou a lei proibindo o fato, determinando que todos os que fossem pegos nessa atividade seriam presos e enforcados.

De acordo com os últimos avanços da ciência, sabemos agora que ninguém é corno por acaso. O corno já nasce corno. Em se tratando de chifres, portanto, não há culpados: há destino. Os próprios tribunais de alçada estão cada vez mais convencidos disso, tanto que, depois de encher de chumbo a consorte, não adianta o sujeito alegar em juízo que se casou com uma vagabunda, que sua mulher era uma tremenda piranha, que a megera depois de velha deu pra dar pra todo mundo. Nada disso. O chifre não é consequência do casamento, mas sim do nascimento.

O problema reside no fato de que determinados homens não produzem espermatozoides, mas espermatocornos. A exemplo de seus primos, eles também são uns bichinhos rabudos e rebolativos que viajam na maionese, porém com algumas diferenças de ordem comportamental. O espermatocorno, por exemplo, não tem por finalidade fecundar o óvulo. O que ele quer mesmo é "dar o flagrante". Assim, ao ser cuspido do pau, ele dá imediatamente o seu grito de guerra: "Cadê ele? Cadê ele? Hoje eu mato aquele cachorro!" Daí, ao invés de seguir o caminho natural dos espermatozoides, ou seja, disputar uma corrida de 100 metros rasos em direção ao óvulo, o espermatocorno fica escondido na trompa, só de olho. O negócio dele é dar porrada: "Hoje eu pego aqueles dois! Hoje eu faço uma bobagem..."

Em razão de uma mutação genética ainda não muito bem explicada pela ciência, o espermatocorno possui um discreto chifrinho bem no meio da testa, que ele usa para fustigar o óvulo: "E então?! Vai contar ou não vai? Ele não veio hoje não, é? Fala, miserável, fala, antes que eu te arrebente toda de porrada!" Ocorre, porém, que numa dessas fustigadas o espermatocorno pode acabar fecundando o óvulo, cedendo parte da sua carga genética para o novo ser a ser gerado, ou seja, o futuro "corninho". Felizmente, a natureza protege mãe e filho enquanto o corninho está no útero. Chifres de verdade, este novo ser humano só terá depois de nascer. Ainda bem, né? Imaginem se o bebê-corno já nascesse com chifres? Adeus, xoxota...

De qualquer forma, o grupo dos cornos é grande e solidário, e continua em fase de crescimento. Afinal de contas, todo verdadeiro corno adora chegar junto de outro colega e revelar que ele também é chifrudo. Isso dá uma ótima desculpa pra encher a cara e cair de bêbado sem que ninguém venha importuná-lo. Existe alguma energia mística ligando a confraria dos cornos. Os homens que usam touca de touro tendem a se reunir em rodinhas de bar e discutir muito. Normalmente, eles ficam horas e horas se vangloriando de terem comido as mulheres A, B e C. Além de ser tudo mentira, a mulher D, de "deles", aproveita essas horas para mandar brasa em casa.

É relativamente fácil reconhecer um corno na multidão, principalmente quando ele está acompanhado "dela", ou seja, da vadia. Observe atentamente os casais que passam por você e depois tire as suas conclusões:

Ela é gostosa, ele é bundão.

Ela anda de minissaia acima dos joelhos, ele anda de bermudão abaixo dos joelhos.

Ela é toda jeitosinha, ele é todo sem jeito.

Ela usa roupa decotada até o umbigo, ele usa suspensórios sobre a barriga.

Ela parece séria, ele parece babaca.

Ela o chama de "paizinho", ele a chama de "mozão".

Ela masca chicletes, ele chupa jujuba.

Ela usa calcinha de renda, ele veste cueca de copinho.
Ela é toda "cheguei", ele é todo "já era".
Ela usa desodorante íntimo, ele usa pó Granado.
Ela gosta de caldo na cama, ele adora caldo de cana.
Ela suspira quando ele chega, ele baba quando ela vai embora.
Ela nega que esteja saindo com o rapaz da TV a cabo, ele acredita.
Você pode também ter certeza de que o sujeito é corno se ele é useiro e vezeiro em usar expressões como estas:
Mô-ô, cheguei!!!
Hoje, não, bê-nhê... Eu tô exausto!
Sexo não é tudo na vida!
Lá em casa quem decide se vai "ter" ou não, sou eu!
Eu li numa revista que transar demais faz mal pra próstata!
Amô-ô, que horas você vai voltar?
Tô a fim mesmo é de tomar um uisquinho e depois cair na cama!
O mais importante na vida do casal é o diálogo!
Corno não tem que ter vergonha de ser corno! Isso faz parte da vida, boi só usa chifres de enxerido...
Eu não sou corno! Tenho certeza, né, amor?
A grande dúvida existencial da humanidade é saber como se comporta o corno brasileiro quando encontra sua mulher com outro macho na cama. Há algumas pistas:
O paulista: não diz nada e depois resolve fazer terapia, pois afinal de contas o problema deve ser dele.
O carioca: como é chegado numa boa sacanagem, junta-se aos dois e faz uma suruba até o sol raiar.
O mineiro: valente e machista, ele mata o sujeito e continua casado com a mulher.

O gaúcho: como é chegado a um espeto, mata a mulher e fica com o sujeito.

O baiano: acha porreta e volta para a casa da amante neguinha cheia de axé, de onde saíra mais cedo do que de costume.

O cearense: vai à bodega, toma uma garrafa de cachaça de cabeça, entra em casa e passa os dois na ponta do punhal. No dia seguinte, arruma outra mulher.

O pernambucano: abre uma sombrinha colorida e começa a fazer passos de frevo dentro do quarto pra ver se o sujeito fica assustado e vai embora.

O paraense: vai à cozinha, pega uma panela cheia de maniçoba e obriga o sujeito a comer aquela gororoba toda, para matá-lo de indigestão.

O mato-grossense: laça o sujeito pelo pescoço e o leva para ser trabalhador-escravo nas gigantescas plantações de soja.

O paranaense: vai à casa do escritor Dalton Trevisan, conta o ocorrido e vira personagem de um novo conto.

O catarinense: diz com desprezo "ah, um relho nas costas!", aí pega a prancha de surfe e vai pegar ondas em Camboriú.

O acriano: enche a cara de Santo Daime e jura que tudo não passa de uma "peia" da borracheira.

O roraimense: não faz absolutamente nada. Se os gafanhotos comiam 10% do orçamento do Estado e ninguém tentava impedir, como evitar que um deles comesse a sua mulher.

O amazonense: pega o tururi no armário e vai brincar de CarnaBoi com outros cornos iguais a ele.

O maranhense: vai sentar na sala até que os dois terminem o que estão fazendo, pra ele poder ouvir um pouco de reggae.

O brasiliense: fica puto da vida, vai pro Congresso e inventa mais um imposto.

O paraibano: enche a vadia de porrada, chicoteia o cabra da peste, depois salga e dependura os dois corpos no varal, pra fazer carne de sol.

O goiano: pega sua viola e cai na estrada à procura de outro corno para montar um dupla sertaneja.

Os outros cornos brasileiros ainda não foram aprovados pelo Inmetro.

Resumo da ópera: o corno é um sujeito metódico que consegue empurrar o casamento com a barriga sem jamais mijar fora da bacia. Faz o gênero fiel pra caralho. Antes de trepar, escova os dentes com pasta Crest, passa desodorante Avanço nas axilas, pó antisséptico Granado nos pés, faz a barba com o AstraPlus da Gillette, passa lavanda Lancôme no rosto, veste um pijama limpo de algodão, liga o ar-condicionado e apaga a luz. Só conhece o "papai e mamãe". Se um dia a mulher lhe chupar o pau, ele nunca mais vai ter coragem de beijar na boca da merepeira. Também não come a bunda da distinta porque acha que isso não é coisa de mulher direita. Depois de dar aquela semanal de lei, vira pro lado e dorme. A mulher então aproveita para tocar uma siririca imaginando que está participando de um filme sueco de sacanagem e sendo enrabada na frente pelo Long Dong Silver, atrás por dois cavalos manga-larga, numa dupla penetração anal. Mulher mal-amada tem uma imaginação fértil pra caralho e só pensa em putaria. É óbvio que um dia, para fugir da estafante rotina conjugal, a rapariga vai acabar terceirizando a pomba do marido com o primeiro encanador bem-apessoado que bater à porta. Pronto, eis mais um novo membro da confraria zen-vergonha batizada de Irmandade de São Cornélio. Seus sócios possuem características distintas:

O corno esclarecido, que, ao descobrir que a vagabunda costura pra fora, explica que é melhor comer pudim acompanhado do que merda sozinho. O corno vingativo, que depois que descobre a sacanagem começa a dar a bunda pra se vingar da piranha. O corno coveiro, que sabe da notícia mas enterra o assunto. O corno ganso, que sabe que é corno mas só faz barulho. O corno advogado, que tem conhecimento do chifre mas defende a cadela. O corno papai noel, que apesar de levar chifre sempre traz um presentinho pra vagabunda. O corno fofoqueiro, que corre pro boteco pra contar pros amigos que foi traído. O corno astronauta, que quando descobre que é corno entra em órbita. O corno cego aderaldo, que acha que esse negócio de chifre não tem nada a ver. O corno cortiça, que os amigos dão um toque mas ele continua boiando. O corno azulejo, que a marafaia põe chifre porque é baixinho, quadrado e liso. O corno 120, que flagra a égua fazendo 69 e vai ao bar encher a cara de caninha 51. O corno camaleão, que quando descobre que é corno muda de cor. O corno economista, que faz cortes no orçamento pra murixaba gastar com o Ricardão. O corno besta-fera, que quando não sabe é a maior besta, e quando descobre fica uma fera. O corno panela de pressão, que quando leva um chifre chia uma barbaridade e só falta explodir. O corno raposa, que quanto mais a mulher galinha, mais ele corre atrás. O corno iô-iô, que vai embora de casa mas depois volta. O corno penico, que vê tudo mas não faz nada. O corno cigano, que toda vez que leva um chifre muda de bairro. O corno curioso, que contrata até detetive pra saber com quem a vigarista está trepando. O corno Xuxa, que fica em casa tomando conta dos baixinhos enquanto a messalina vai galinhar. O corno churrasqueiro, que coloca a mão no fogo pela tolerada enquanto ela usa o espeto do vizinho.

O corno celular, que leva chifre porque, quando não está ocupado, está fora de área. O corno cachorro doido, que fica babando de raiva mas não faz porra nenhuma. O corno Brastemp, que leva chifre à vontade mas não esquenta com nada. O corno galeto, que não pode levar ninguém em casa que a findinga logo arrasta a asinha. O corno elétrico, que quando descobre que é corno leva um puta choque. O corno Brahma, que fica suando frio e espumando ao saber que a dita é a número um do Ricardão. O corno submarino, que depois que leva um chifre passa o resto da vida na maior água. O corno eu-sou-negão, que sabe que é corno mas vive negando. O corno tom-bom, que basta sair de casa pro vizinho dar no couro da vaca. O corno bateria, que tem sempre solução pro chifre e nunca pede água. O corno pai de santo, que sempre que chega em casa tem que tirar um caboco de cima da safada. O corno TV cultura, que vive sintonizado nos casos da bagaceira mas não pega nem fantasma. O corno NBA, que não dá bola pras enterradas do Ricardão no aro da rascoa. O corno Fórmula Indy, que quando alguém fala em chifre sai correndo a mil por hora. O corno coreano, que quando resolve abrir o olho a quenga já deu pra meio mundo. O corno mãe Dinah, que quando conhece a zabaneira já sabe que vai ser corno. O corno Mike Tyson, que cada vez que leva um chifre enche a merepeira de porrada. O corno tamanduá, que passa a vida prometendo que vai fazer a mundana amanhecer com a boca cheia de formigas. O corno papel higiênico, que fica branco de susto e depois entra na merda. O corno ventríloquo, que basta virar corno pra começar a falar pelos cotovelos. O corno Aqua Velva, que quando alguém fala em chifre coloca a barba de molho. O corno cantor de churrascaria, que, enquanto canta pros outros comerem, os outros comem a sua mulher sem precisar cantar. O corno descolado, que acha que levar chifre ou ser citado na coluna do Ancelmo Góis não é pra quem quer, mas pra quem pode. O corno São Tomé, que só acredita vendo. O corno cowboy, que ninguém precisa contar porque ele saca primeiro. O corno ortopedista, que não larga o pé da mulher. O corno lampião, que é o rei do "cagaço". O corno sorvete, que quando vê o Ricardão se derrete todo. O corno disco velho, que quando descobre que é corno não para de chiar. O corno Doril, que quando leva um chifre some por algum tempo. Corno caixa de marcha, que vive trocando de mulher porque foi corno na primeira, na segunda, na terceira, na quarta, na quinta. Corno abelha, que faz a maior cera pra entrar em casa e quando entra está tão cheio de mé que não vê o Ricardão. Corno barraqueiro, que enquanto abre a cerveja a mulher mostra o caranguejo pro freguês examinar. Corno garrafa, que toda vez que chega em casa quebra a boca da garrafa e a mulher vai vender o fundo na rua. Corno garçom, que sempre entrega a mulher de bandeja pros amigos. Corno Ronaldinho, que enquanto ele bate uma pelada com os amigos a mulher dele entra em convulsão com uma turma de franceses. Corno dentadura, que só acha ruim no começo mas depois acostuma. Corno mãe-joana, que a mulher diz que vai pra casa da mãe e não passa nem perto. Corno pinguim de geladeira, que quando tem visita a mulher esconde dentro do guarda-roupa. Corno professor de matemática, que enquanto reprova a turma no colégio a mulher leva pau do Ricardão. Corno pipoca, que quando pega a mulher com outro fica pulando pra lá e pra cá mas não faz porra nenhuma. Corno anfitrião, que dorme na cozinha, acorda de manhã cedo, faz café, vai até o quarto da mulher, bate na porta e diz "mulher, pergunta a esse nojento se é pra adoçar o café dele com açúcar ou Dietil?". Corno bateria, aquele cujo caso não tem mais solução. Corno botijão, que sempre que a mulher quer trepar diz que está sem gás. Corno malária, que se treme todo e finge estar com febre só pra mulher não arredar o pé da cama. Corno raimunda, que a mulher é feia de cara mas boa de bunda. Corno relojoeiro, que fica na esquina contando as horas que faltam pro Ricardão ir embora. Corno panelada, que leva chifre porque só tem bucho, gordura e tripa mole. Corno urubu, que deixa um filé em casa pra comer carniça na rua. Corno cambista, que, enquanto está apontando o jogo do bicho, a mulher está fazendo a rota. Corno raspadinha, que a mulher sai de casa sem um tostão e volta cheia de presentes, mas com as costas toda arranhada. Corno passarinho, que a mulher não pode ver uma michoca dando sopa que avança logo em cima. Corno camareiro, que, quando levanta de manhã cedo, arruma a roupa da cama pro Ricardão quando chegar de tarde não reclamar. Corno muçum, que se não bastasse ser preto, ainda por cima é liso. Corno dorminhoco, que rola na cama enquanto a mulher se vira. Corno quiabo, que tem mais pontas na cabeça do que maxixe, mas é cheio da baba. Corno toureiro, que nasceu para ser chifrado. Corno indeciso, que quando descobre que é corno não sabe o que fazer. Corno estilista, que toda vez que sai de casa a mulher pinta e borda. Corno mestre-cuca, que quando descobre que leva chifre cozinha o assunto em banho-maria. Corno diarreia, que quando fica pelado a mulher diz "lá vem você com essa merda mole de novo!". Corno prevenido, que antes de sair do escritório liga pra casa avisando que já está indo pra dar tempo do Ricardão cair fora. Corno machão, que sempre que discute com a mulher manda ela procurar outro macho. Corno intelectual, que chega em casa e diz "não adianta mentir porque agora eu sei de tudo" e a mulher rebate "ah, é, então me diz qual é a capital da Somália". Corno político, que vive prometendo deixar a mulher mas não cumpre a palavra. Corno artista plástico, que enquanto está expondo na galeria a mulher está pintando o sete no motel. Corno mesa-redonda, que passa a noite discutindo futebol com outros cornos iguais a ele. Corno garnizé, que é metido a valente, fode com o cu, dorme no pau e a mulher é uma tremenda galinha. Corno mecânico, que enquanto leva o carro pra oficina a mulher vai trocar o óleo do Ricardão. Corno picolé, que além de corno é uma frutinha gelada. Corno sapatão, que a mulher o trocou por uma lésbica. Corno papudinho, que fica matando o bicho no boteco enquanto o Ricardão mata o bicho da mulher em casa. Corno evangélico, que sempre pede a Deus para perdoar a mulher porque ela não sabe o que faz. Corno ateu, que vê a mulher fodendo com outro na sua cama mas não acredita. Corno Denorex, aquele que não parece mas é. Corno ambulância, que quando vê a mulher com outro sai gritando: uau! uau! uau! Corno hiena, que mesmo levando chifre todo dia vive rindo à toa. Corno galo de briga, que tem chifre até nas canelas. Corno medroso, que quando o Ricardão chega se esconde dentro do armário. Corno diabético, que sabe que é corno mas ainda faz cu doce. Corno jacaré, que só serve para dar bolsa e sapato pra madame. Corno salário mínimo, que além de pequeno e feio, só comparece uma vez por mês. Corno Zorro, que anda de máscara para não ser reconhecido, mas parece um Tonto. Corno elefante, que se separa da mulher mas não esquece o chifre. Corno astrólogo, que a mulher tem um amante fixo para cada fase da lua. Corno teimoso, que leva chifre tanto da mulher quanto da amante. Corno do mato, que quando leva um chifre sai gritando: eu mato! eu mato! eu mato! Corno ginecologista, que sempre diz pros amigos que vai dar um toque na vigária. Corno agulha, que não consegue colocar a mulher na linha. Corno bilharito, que a mulher não pode ver duas bolas e um taco que abre logo a caçapa. Corno datilógrafo, que quando descobre que é corno fica cheio de dedos. Corno esparadrapo, que depois que leva um chifre não desgruda mais da mulher. O corno marmita, que além de chifre só leva "comida" da patroa. O corno disco quebrado, que apesar de corno não se toca. O corno mentiroso, que diz pra todo mundo que nunca levou chifre, e por aí afora. Os últimos levantamentos dão conta de que corno é igual a mingau de Neston: cada dia o Ricardão inventa um tipo diferente.

O viado

A palavra "viado", utilizada como sinônimo de homossexual masculino, não tem nada a ver com "veado", nome do macho da corsa. Viado é uma corruptela da palavra "desviado", que era como os boiolas eram chamados em meados do século 20. Naquela época, a medicina considerava o homossexualismo uma doença. Os rapazes que agasalhavam croquetes eram considerados "desviados" do comportamento sexual normalmente aceito e tratados com desprezo. Felizmente, isso mudou, e hoje o viado é um espécime emergente, em franca evolução. Antigamente não se ouvia falar em tantas variações semânticas, mas hoje tem apelido para tudo quanto é tipo de homossexual.

Isso quer dizer que qualquer sujeito que utilize o lorto para funções menos nobres do que expelir excrementos está nessa categoria. Também chamado de baitola, boiola, mandrake, qualira, fruta, florzinha, travoso, pera, maricas, cabrão, tinhoso, fresco, zoiúdo e mais cerca de 237 epítetos, sinônimos ou apelidos, todo mundo sabe que não existem ex-viados, mas até hoje ninguém sabe, rigorosamente, se o cara nasce viado, fica viado ou está viado; se o homossexualismo masculino é uma doença física ou mental; se o viado precisa de respeito e consideração ou de porrada e choque elétrico; se dar o rabo é um direito previsto na Constituição Federal ou um crime previsto no Código Penal; enfim, o viado ainda hoje é uma grande incógnita, que fala por evasivas, frequenta mictórios públicos e perdeu a prega-rainha antes dos 14 anos. Existem vários tipos de viados, mas o Inmetro adota a seguinte classificação:

Viado verdadeiro – Esse é o mais antigo e tradicional de todos. Todo mundo conhece um. Ele fala com voz desafinada e a língua entre os dentes. Também costuma virar os olhos enquanto fala e sempre desmuncheca. É sempre – chova ou faça sol – sexualmente passivo, anda se requebrando, usa roupa de mulher e sobrevive de pequenos expedientes, tais como costurar fantasias para escolas de samba, vender quentinhas ou agenciar mulheres de programas em puteiros da periferia. Tem cinco variações: viadinho, viadaço, viadão, viado filho da puta e o mais antigo e tradicional deles, o viado velho.

Bicha – É o viado mais rampeiro que existe, daqueles que fedem a mijo e usam calça corsário com tamanco. Suas duas variações mais conhecidas são a bicha louca, que é um misto de viado com maluco, e a bicha nojenta, que é aquela que trabalha com a gente na empresa e vive pedindo o nosso celular emprestado.

Gay – É o viado metido a intelectual. Ele é alegre, inteligente, extrovertido, mas dá o rabo igualzinho aos demais. Só que com mais criatividade. O gay fala de sexo anal o tempo todo e costuma pregar que boceta só tem fama, bom mesmo é cu. O dele, evidentemente. O gay normalmente pratica esportes, usa roupa de homem e sobrevive de meios expedientes, tais como ser funcionário público, político profissional ou operador da Bolsa de Valores.

Boneca – É a mais fêmea dos viados, a que gostaria de ser chamada de "viada", por ser no feminino. Na realidade, ela se acha a própria me-ni-na-mo-ça e sonha com um casamento ma-ra-vi-lho-so. O único problema é que como toda boneca de verdade tem sempre a bunda malfeita.

Fruta – É aquele viadinho meigo, frágil, branquinho, pálido, com gestos graciosos e delicados. Na maioria das vezes foi criado por pais adotivos, jogando bola de gude no carpete da sala e colorindo revistas Recreio no quarto da empregada. Na pior das hipóteses, é aquela "filha" que o casal não pôde ter e foi criado usando camisolinha rosa e laço de fita no cabelo desde pequenininho. Geralmente só dá o rabo mediante solicitação expressa, pois é extremamente tímido.

Baitola – É a bicha nordestina. Normalmente, é um fio-duma-égua bem abestado que nasceu florzinha e se mandou pro Sul Maravilha (Rio ou São Paulo, onde sempre cabe mais um e não precisa usar Rexona) pra fazer saliência bem longe da família, senão o pai matava o desajustado de porrada.

Pederasta – É um viado em desuso. Teve sua vez na época dos grandes bailes de carnaval no Municipal ou no Monte Líbano, quando se fantasiava de "Esplendor da Corte Assíria de Hamurábi" e podia pagar alguns trocados para ser comido pela molecada. Hoje, a bunda murchou, apareceram as varizes e as estrias, o rosto se desmantelou, enfim, virou um verdadeiro lixo.

Qualira – É o viado discreto, meio enrustido. Em geral, é podre de rico e se casa com uma mocreia para camuflar suas atividades. Paga bem e pede discrição. Frequenta muito o proctologista e é capaz de trair a mulher com o próprio cunhado garotão, em troca de emprestar o carro do ano. Às vezes, sofre de crise existencial e cai em depressão. Mas nunca se arrepende. Aí, também já é pedir demais, né, santa? O qualira gosta de promover festas de arromba e sobrevive de grandes expedientes, tais como dar desfalques em bancos, fazer lobbies de empreiteiras em licitações de obras públicas ou vender cocaína malhada para o pessoal do jet-set.

Meigo – É o viado que você nunca tem certeza se ele realmente atraca de popa. Você desconfia pelos seus gestos e trejeitos, mas se souber que ele não é viado não vai ficar decepcionado. Ele deixa dúvidas. Quando você acha que um cara é meio viado mas não tem certeza, chame-o de "meigo", que é a abreviatura de MeioGay.

Colírio – Esse é o viado que ninguém, absolutamente ninguém, imagina que seja. Ele fala como homem, se veste como homem, anda como homem, coça o saco como homem, pode ser casado e até ter filhos, compra a revista *Playboy* e comenta "Meu Deus, que mulher gostosa!". O colírio costuma ser inflexível quanto a odiar os homossexuais e se fosse possível mandaria matar todos sob tortura (pode ser uma maneira de eliminação da concorrência por meio de uma ação inconsciente). É conhecido como "colírio", porque se aparecer uma oportunidade de se relacionar com outro homem, sem que ninguém saiba, o sacana vai pra cama e dá tanto o rabo que tem de passar colírio (Moura Brasil ou similar) no olho do cu, de tão ardido que fica. Dizem que quando o colírio é pingado no anel de couro ainda quente, chega a fazer tzzzzzzz e a biba abre logo uma cerveja. Quando você quer chamar alguém de viado, mas não quer que ele desconfie, diga assim: "Esse aí tem cara de quem usa colírio!"

Jiboia – É o tipo mais dissimulado de viado. Geralmente vive camuflado, é sempre engraçado e muito "dado", e se oferece para tudo. Gosta de ser popular e chamar atenção. Só conversa tocando as pessoas, principalmente se o interlocutor for homem. O jiboia é muito encontrado em repartições públicas e em empresas estatais de turismo. Ele vive esperando algum colega dizer a frase do dia: "Vou dar uma mijada. Tem alguém pra balançar pra mim?" Tome cuidado com o seu colega de trabalho, cujos olhos brilham ao escutar essa frase. Ele pode ser um tremendo jiboia.

Boiola – É um viado mais moderno, mais antenado, mais globalizado. Ele pratica surfe, aeróbica, jiu-jítsu, capoeira, rapel e paraquedismo. Gosta de usar óculos espelhados na testa. Finge que namora a coleguinha de turma. Frequenta rodas de pagode, mas, no fim da noite, dá sempre uma passadinha no bingo pra botar a "cartela" em dia. Por serem viados de marca, também conhecidos como "viados globalizados", os boiolas possuem uma subclassificação, que os diferencia das bichas rampeiras e sem pedigree:

Boiola-BigMac – tem sempre um molho especial.
Boiola-DisneyWorld – fazem fila para entrar nele.
Boiola-OB – gosta de tudo bem enfiadinho.
Boiola-Brahma – é gay até em pensamento.
Boiola-Swatch – dá de uma em uma hora.
Boiola-KiaBesta – dá pra onze de uma só vez.
Boiola-Cinemark – o sujeito só entra depois de pagar.
Boiola-Batom Garoto – todo mundo come.
Boiola-Flamengo – é o queridinho das multidões.
Boiola-Viagra – quando toma o pinto sobe.
Boiola-Rexona – nele sempre cabe mais um.
Boiola-Aspirina – a dor de cabeça passa.

Boiola-Lux Luxo – é usado da cabeça aos pés.
Boiola-Vivo – tem cobertura garantida em qualquer lugar do Brasil.
Boiola-Dunkin'Donuts – tem a melhor rosquinha.
Boiola-Maggi – sempre dá um caldo.
Boiola-Miojo – todo mundo come, mas vive negando.
Boiola-Skol – gosta de tomar no redondo.
Boiola-Windows Vista – passa a maior parte do tempo no pau.
Boiola-Land Rover – aceita engate na traseira sem reclamar.
Boiola-Bombril – seu toba tem mil e uma utilidades.
Boiola-Sadia – o que mais entende de peru.
Boiola-Maksoud Plaza – quem entra, se sente em casa.
Boiola-Tostines – está sempre fresquinho, fresquinho.
Boiola-alfinete – exige que só coloquem a cabeça.
Boiola-calculadora HP – pisca quando metem o dedo.
Boiola-cofre – dá muito trabalho pra entrar.
Boiola-pipa – todo mundo segura pelo rabo.
Boiola-serra elétrica Still – não deixa pau em pé.
Boiola-Gillette – corta dos dois lados.
Boiola-máquina de escrever Remington – quanto mais batem, mais ele gosta.

O travesti

De acordo com o jornalista e escritor Edson Aran, muito antes da existência do vegetal transgênico e do carro total flex, já havia o travesti, que é o sonho transformista de consumo de todo boiola de marca. Ninguém sabe a origem dessa criatura híbrida, mas escavações conduzidas em Copacabana pelo antropólogo Jennifer Spielberg (ex-Wellington Jorge) revelaram uma ossada com traços de rímel, batom e pó de arroz. Cientistas acreditam que o fóssil solitário pertença a um travesti jurássico que se perdeu da manada numa passeata gay. Naquela época, era comum avistar cáfilas de xibungos saltitando pela praia no verão. Bem, hoje em dia também, pra falar a verdade.

Mas a questão que mais intriga antropólogos, ornitólogos e análogos é a reprodução travestícia. Existem cada vez mais deles nos cafofos de ex-craques balofos, embora ninguém jamais tenha visto travestis grávidos ou com travestinhos no colo. O cientista Shakira Shyamalan (ex-Charles Darwin) defende a tese de que o travesti é um espécime mutante derivado do decorador de interiores ou do ator de teatro infantil. Isolado em comunidades esquecidas por deus e pela civilização, o boiola primordial vai, pouco a pouco, incorporando características travestícias.

Essa teoria, no entanto, é questionada veementemente pelo bispo Madeleine Tarantino (ex-dom Avelão de Orleança), que reclama da inexistência de um elo perdido entre o travesti transmorfo e o transviado tradicional. Pesquisadores tentam em vão encontrar o elo, que continua perdido nesta sociedade desumana, preconceituosa e cafajeste. O maior travesti do mundo foi avistado brevemente, em 2006, na Galeria Alaska, no Rio de Janeiro. Segundo testemunhas, a coisa tinha dois metros de altura, pesava mais de 200 quilos e atendia pelo nome de Beyoncé Peckinpah (ex-Rodiclêison Solimões). Mas expedições posteriores não encontraram vestígios do abominável traveco da Alaska, levando pesquisadores a considerá-lo apenas uma fantasia sexual de jogadores dentuços.

Seja como for, o travesti continua uma incógnita. Sabe-se que para adotar uma alcunha travestícia tudo o que o praticante do amor que não ousa dizer seu nome tem a fazer é pegar o primeiro nome da cantora favorita dele (Britney, Elis, Ivete, Christina) e juntar ao sobrenome do cineasta predileto (Lucas, Polanski, Meirelles, Kubrick). Dublar a Gal Costa se esgoelando faz parte do ritual de iniciação do travesti. Tribos mais modernas preferem Ivete Sangalo.

Jogadores de bola acima do peso (o jogador, não a bola!) sentem atração irresistível por travecos nos fugazes embates de Eros. Isso pode ser apenas efeito colateral do rude esporte bretão, no qual entradas duras por trás, bolas divididas e marcação homem a homem são atividades corriqueiras. Mas também pode ser só sem-vergonhice e descaramento. Quando surpreendido no meio de travestis, o jogador deve culpar o estresse e afirmar que nunca antes na história desse país levou bolada nas costas. Não cola, mas enrola.

O frango

Trata-se do viado adolescente que foi criado pelos avós desde os cinco anos. Cultiva o hábito de vestir as roupas das irmãs e sentar no colo dos cunhados. Gosta de brincar de boneca e de pintar os lábios de batom rosa-choque para recitar poemas de Baudelaire, Verlaine e Rimbaud. Coleciona pôsteres de artistas de TV que saem nas revistas *Capricho*, *Contigo!* e *Anal Sex*. Adora brincar de médico com os priminhos, quando faz o papel de enfermeira. Não se mistura com os colegas da escola, só com as colegas. Ouve música clássica e estuda piano. Chama a avó de mami, o avô de papi e o primo mais velho de mon amour. Faz beicinho e puxa os cabelos sempre que é contrariado. Quando vai à taberna e alguém faz fiu-fiu, ele vira o rosto, dá uma desmunhecada clássica e sai se requebrando, como se estivesse se equilibrando em cima de tijolos. O casal de velhinhos o acha excêntrico e divertido. A molecada da rua, que já comeu seu toba, sabe que ele gosta mesmo é de cagar pra dentro.

O goiaba

Conhecido como bichalouca, é o viado meio senil que tem passagem pela polícia por botar o brioco de fora para argumentar em qualquer tipo de discussão. São extremamente delicados, adoram Phillip Glass, Laurie Anderson e Agnaldo Timóteo, conversam revirando os olhinhos, desmunhecam 48 horas por dia e detestam mulheres em quaisquer circunstâncias. São inofensivos e gostam de trabalhos manuais, principalmente tocar punheta no pau dos outros. Costumam frequentar barzinhos ditos culturais, sempre em bando, onde todo mundo canta meio deitadinho, escorando-se um no ombro do outro, passando a mão e dando risinho besta. Mas se você botar o pau pra fora eles param com essas frescuras. Sua máxima favorita é um dito popular: quem não aguenta pica não se mete a fresco!

O gilete

Gênero de viado superdesconfiado e arredio, o meio gay ou bissexual costuma cortar dos dois lados com a mesma eficiência. Pra ele não tem tempo ruim, entende tanto de vara quanto de boceta e quer ver é o circo e o palhaço pegando fogo. Quase todos são modelos, praticam musculação, fazem strip-tease em Clubes de Mulheres e possuem uns bíceps que, pra ficar daquele tamanho, só mesmo o cara sendo rendido. Odeiam ser confundidos com viados: pra eles, dar o cu é uma escolha de foro íntimo, uma atitude em relação à vida, uma forma superior de ser e estar. Não tem nada a ver com praticar jardinagem, gostar de filmes do Almodóvar ou usar rabo de cavalo preso por maria-chiquinha. Todos os estudos da OMS apontam esses cretinos como os grandes responsáveis pela escalada da aids entre o mulherio que não se manca, logo atrás dos viados tradicionais e na frente dos viciados em drogas injetáveis, nesse trenzinho da alegria que vai dar (êpa!) no cemitério. O macho que encontrar um gilete pela frente deve, no mínimo, lhe dar umas boas porradas no toitiço.

O go-go boy

Também conhecido por "michê" ou "garoto de aluguel", é um viado urbano meio aparentado com o gilete. A única diferença é que o michê é um profissional do sexo, ou seja, enraba ou é enrabado mediante pagamento módico. Não nutrem nenhuma simpatia por homens ou mulheres: pra eles é tudo cliente. Acreditam que transar com pessoas do mesmo sexo, passiva ou ativamente, é uma profissão como outra qualquer. Na infância foram molestados sexualmente por algum vizinho conhecido por Paulinho Jumento, Nelson Tripé, Totonho Cavalão ou coisa parecida. Parecem-se com lutadores de jiu-jítsu em uma balada, principalmente se estiverem usando o kit completo de "garoto de aluguel": camiseta apertada, calça apertada, pulseira de prata e coturno. Mas não se deixe enganar pelas aparências. Apesar da feminilidade no andar, da doçura na voz e da inocência nos olhos, na alma de cada um se esconde um psicopata em potencial. Só um psicopata pode acreditar que beijar macho e dar o cu seja uma profissão como outra qualquer.

A drag queen

As drag queens são, até agora, a principal criação da colunista Erika Palomino, a profeta-mor da cena dance paulistana. Aparecem na MTV, recebem um bom cachê para fazer recepção em festas ou em desfiles e podem até ganhar um bom dinheiro chupando os paus de colunáveis nos banheiros do Massivo, Columbia e Sr.ª Krawitz. Não fosse a mania de usar sapato plataforma, unhas gigantescas e embalar-se em roupas como um enorme ovo de páscoa ou um bolo de aniversário cor-de-rosa, com uma vela acesa enfiada no quincas, a *drag queen* até que passaria por um ser humano normal. Na realidade, ela é a versão moderninha, informada e cosmopolita de qualquer mancebo gay que, no sábado à noite, veste um modelito informal (coisinha simples, como macacão azul com gola de canecalon, peruca azul, piscina fosforescente, unhas e sapatos roxos combinando, tiara cravejada com tampinhas de refrigerantes, muito glitter, plumas etc.) e, depois de três horas de maquiagem, vai sacudir o esqueleto, fazendo caras e bocas na pista de dança de algum *club*. Para elas, a atitude do *life style gay* – sem a opção sexual de dar a bunda – dos *clubbers* ainda não foi compreendida por todo mundo. Daí a velha briga com os travestis tradicionais e a afirmativa de que não dão o rabo nem sob tortura. Mas que chupam um pau, isso chupam. Se você apertar determinado ponto de suas costas, entre a 9ª e a 12ª vértebra, ela sorri, mexe os cílios postiços e diz: "Eu me considero uma hostess e não um objeto sexual." Trata-se, na verdade, de um objeto descartável, um Mandrake fantasiado de Narda, um liquidificador que não funciona direito, ou algo do gênero. Intelectuais e esclarecidas, seus livros de cabeceira são os álbuns de fotografias da Bebete Indarte ou o ensaio fotográfico da Paulete Pink de shortinho com estampa de vaca, combinando com botas Doc Martens e jaquetão de couro cru, além, é claro, de uma peruca loira decorada com garfos inox da Tramontina e milhares de fitinhas coloridas do Nosso Senhor do Bonfim. É ou não é coisa de viado?

O transexual

Conhecido por invertido ou transviado verdadeiro, é o único tipo de viado que troca de sexo (não me perguntem com quem) porque se considera uma verdadeira mulher dentro de um corpo de macho, e não um macho com alma de mulher. A operação cortar o excedente é feita, quase sempre, em uma das mais sofisticadas clínicas de Casablanca, no Marrocos, com anestesia geral e tudo. O pinto é extraído (cruz-credo!) e no seu lugar é enxertado uma boceta de matéria plástica, aço escovado, fibra de carbono e sensores eletrônicos de última geração. Depois, a xana passa por um processo de vulcanização pra garantir que não vai ficar frouxa com o tempo, sem dúvida um avanço tecnológico em relação às bocetas tradicionais. O caso brasileiro mais bem-sucedido é o de Roberta Close, que leva uma vida igual à de qualquer dona de casa: lava, cozinha, passa pano no chão, faz tricô, costura pra fora e vive sonhando em ser mamãe. Infelizmente, apesar de todo avanço da ciência nesse campo, ainda não se conhece nenhum transexual que tenha engravidado pelo toba.

Muitos médicos advertem que a extirpação do "cheio de varizes" provoca diversos efeitos colaterais, podendo levar os exportadores à loucura ou ao júri de programas de televisão, quando eles dão notas baixas a outros infelizes em situação parecida.

O metrossexual

Metrossexual é a contração de heterossexual com metropolitano. Para alguns teóricos, esta é a denominação que vem sendo dada para os homens que, supostamente, gostam do sexo oposto, mas se permitem cuidados com a pele, cortes de cabelo sofisticados, decoração aprimorada, e assim por diante. Eles também têm várias amigas mulheres e são sensíveis o suficiente para gostar tanto de filmes de arte quanto de futebol americano. Ou seja, um gay que gosta de fazer sexo com mulheres. O termo metrossexual foi usado pela primeira vez em 1994 pelo escritor gay Mark Simpson, no artigo "Lá vêm os homens do espelho", publicado pelo jornal britânico *The Independent*. Passou anos na gaveta para ganhar força total nos últimos anos, muito por conta de um estudo da Euro RSCG e do rebuliço que ele causou no mercado de produtos voltados à vaidade masculina ao declarar que a tribo pode unir até 15% dos homens dessa faixa etária nas grandes cidades. É superior aos dos 10% de gays assumidos. Os metrossexuais leem *Details*, *GQ* e *Vanity Fair*, usam roupas de grife, discutem as novidades da linha masculina da Clinique e são capazes de fazer um ranking com os cinco melhores *day spas* de qualquer capital europeia em questão de segundos. O representante supremo dessa classe de neoviadinhos é o jogador de futebol britânico David Beckham, ex-Real Madrid, que pinta as unhas, muda o corte e a cor do cabelo como quem troca de camisa no final do jogo, gasta milhares de libras com produtos de beleza e confessou já ter usado algumas vezes as calcinhas da mulher, a ex-Spice Girl Victoria. Para reconhecer um metrossexual é simples. Ele é antes de tudo um narcisista. Se tiver dificuldade de encontrá-lo numa multidão, experimente disparar o flash de uma câmera. É só reparar em quem faz pose. Se for levar o *briefing* a uma agência de propaganda, ele será o contato. Se for deixar um *release* na redação de um jornal, ele será o editor de Cultura. Se for entrevistar um político, ele será o assessor de imprensa. Aliás, se algum dia o assunto em uma mesa de bar acabar, diga que você conhece um metrossexual no primeiro escalão da Presidência. É a garantia de mais algumas horas de conversa no boteco.

O übersexual

Um metrossexual com sotaque alemão.

O neossexual

Um metrossexual usando aquelas ridículas roupas do filme Matrix.

O emoboy

Qualquer garoto de franjinha, que usa o batom negro das irmãs, ouve a banda Fresno e está criando coragem para dar o cu.

O pervertido

Sujeito que, depois que come macarronada com farinha e acha supimpa, ou bebe cerveja Malzbier com ovo cru e acha uma delícia, ou, ainda, que come salada de agrião com repolho e acha do caralho, se deita numa rede, liga o ventilador e fica assistindo o "Sabadão Sertanejo" num televisor preto e branco de 12 polegadas antes de tocar uma punheta pensando na Dercy Gonçalves.

O casanova

Sujeito que ganha a vida comendo mulheres a partir de uma lógica implacável: promete casamento para as solteiras, orgasmo para as casadas, emprego público para as emancipadas e sexo seguro para as feministas. Renato Gaúcho é o gênio da raça.

O bicho-papão

Também conhecido por Herodes ou pedófilo, é uma variedade de anormal (meio neurótico, meio baixinho e meio narigudo) que ganha a vida como diretor de filmes-cabeça-na-linha-cinema-de-autor, aqueles que todo mundo acha uma merda, mas os críticos chamam logo de *cult movie*. O bicho-papão caracteriza-se por uma tara peculiar ainda não catalogada nos compêndios da moderna psicologia: só consegue atingir a plenitude da satisfação física e sexual fotografando adolescentes vietnamitas nuas com máquina polaroide ou molestando sexualmente crianças de sete anos de idade, quase sempre filhas adotivas de atrizes decadentes. Nos Estados Unidos, onde o bicho-papão é caçado e empalhado vivo por feministas mais radicais, essa prática sexual é mais odiosa do que fumar maconha sem tragar. Já no Nordeste, essa variedade de animal é conhecida como boi da cara preta, pois só pega as criancinhas que não gostam de chupeta. Nem de beijo na boca.

Capítulo 8

Doenças sexualmente transmissíveis

Se você tiver mais de 30 anos, é muito improvável que na sua juventude não tenha apanhado uma doencinha na pomba, e que tenha sido uma simples uretrite não gonocócica. Na época, aquilo era sinônimo de status e servia como senha, passaporte ou carta de alforria pra você ser aceito nas rodas de malandragem, dos experts, dos pedra-noventa, dos sujeitos que frequentavam lupanares, brigavam com marinheiros e davam xexo nas putas, né mesmo?

Você também deve se lembrar que naquela época a gente comia muitos lortos sem o risco de estar lavrando a própria sentença de morte. A iniciação sexual da molecada era feita, quase sempre, nos tobas de galinhas, viados ou empregadinhas domésticas e, os mais sortudos, com putas profissionais, sempre levados por um tio mais vagabundo, um irmão mais velho ou um amigo mais chegado. Era a época gloriosa da injeção de Benzetacil na bunda, da lavagem do canal uretral com nitrato de prata e da massagem na próstata com o maior de todos cheio de vaselina.

Pegar uma doença venérea, nessas circunstâncias, era como vencer um Grande Prêmio de Fórmula Um na chuva sem fazer *pitstop*, uma prova de coragem do verdadeiro macho, a derradeira prova de fogo que faltava pro sujeito sair da categoria dos punheteiros e comedores de bichas para a carreira gloriosa dos abatedores de lebres.

É, mas os tempos são outros. Agora você não vê mais ninguém se queixando de que está com gonorreia de gancho, mula com chuveirinho, cancro mole de arrepiar ou crista-de-galo matador. Agora todo mundo só fala na porra da aids, que, aliás, é uma doença de fresco. Pegar uma doença venérea perdeu aquele simbolismo mágico-religioso que as novas gerações, por exemplo, devem encontrar, hoje em dia, apenas quando conseguem esquartejar o demoníaco Shang Tsung no game Mortal Kombat. Essa juventude atual é mesmo de foder. Ou, quem sabe, nem goste muito do esporte.

Se para a maioria das pessoas falar de sexo é difícil e complicado, pior ainda é falar de doenças que se podem pegar no ato sexual. Só a informação e orientação adequadas possibilitam, entretanto, proteção para esses males. Só o diagnóstico e tratamento correto, nas fases iniciais, evitam o aparecimento de muitas de suas complicações. A título de esclarecimento, vamos descrever as principais doenças que podem comprometer o desempenho do seu melhor amiguinho. Cuide bem dele.

Sífilis

Doença grave que leva a sérias consequências, se não tratada a tempo, ou erradamente. Começa com uma feridinha na cabeça do pau que não dói, não coça, não arde, e surge geralmente após duas ou três semanas da relação sexual com o parceiro doente. A porra da feridinha desaparece, mesmo sem tratamento, em sete ou dez dias, sem deixar cicatriz, endereço ou telefone. Depois de alguns meses, aparecem manchas vermelhas pela pele, que não coçam e lembram muito aquelas manchas causadas por bronzeador caseiro feito à base de água oxigenada, beterraba e óleo Johnson. Você, então, é acometido de um mal-estar geral, como se tivesse acabado de ler o último livro do Amyr Klink ou assistido a uma nova peça do Gerald Thomas. Aparecem ínguas, pode pintar uma febre e, se você não se cuidar, ela entra na terceira fase, de muita gravidade: atinge o coração, os vasos sanguíneos e o sistema nervoso central, podendo causar loucura, paralisia, cegueira, morte e, em casos extremos, uma vontade inexplicável de ser citado na coluna da Joyce Pascowitch. Gestante com sífilis pode passar a doença para o bebê, provocando na criança graves problemas como gostar do Chaves, do Sérgio Mallandro e da Mara Maravilha. Pra saber se você está com sífilis é simples: basta fazer um exame de sangue chamado VDRL. Pra saber quem te contaminou é mais complicado: só jogando búzios, cartas de tarô ou frequentando mesa branca de sessão espírita nas terças-feiras.

Gonorreia

Causada por uma bactéria, essa doença só existia no reino animal, mais precisamente entre os cachorros. Em algum ponto da nossa história recente (os dados são imprecisos), uma dondoca resolveu trepar com seu fox-terrier e disseminou a moléstia pelo resto da humanidade. O resultado é que a gripe se alastrou, virou epidemia, matou uma porrada de gente e, se não fosse sir Alexander Fleming descobrir, por acaso, a penicilina, metade da humanidade já teria se fodido. É por essas e outras que não se pode confiar nas mulheres. Os sintomas da doença aparecem de dois a cinco dias após a relação sexual com o parceiro contaminado: corrimento com pus pelo canal da urina (o que dá a sensação do sujeito estar mijando chumbo derretido) e inflamação na garganta se ele tiver chupado a xereca. Se não tratada corretamente, pode atacar os testículos e causar esterilidade ou impotência. Apesar de a mulher não apresentar nenhum sintoma da doença, você não deve ficar constrangido de informá-la a respeito e, evidentemente, dar-lhe uma boa surra pra ver se ela aprende a escolher melhor seus parceiros. Isso é necessário porque a grávida pode passar a doença para a criança na hora do parto, causando cegueira ao bebê, e não é todo dia que nasce um Stevie Wonder. Ou um Ray Charles.

Cancro mole

Também conhecido por cavalo, porque deixa o pau bastante inchado e disforme, surge de dois a cinco dias depois da relação sexual com parceiro contaminado. O sinal característico é uma ferida com pus, parecendo leishmaniose, na chapeleta do pau, e ínguas dolorosas nas virilhas. Estas podem se romper deixando grandes cicatrizes e a impossibilidade técnica de o sujeito voltar a frequentar praias usando sunga de banho. Nas mulheres, aparecem feridas com pus na vagina e no colo do útero, e, quando a contaminação é pela relação anal, as feridas aparecem no ânus e reto, causando dor ao evacuar. Quando a ferida parece um tumor maligno cheio de carnegão, mas não dói, temos o terrível cancro duro, que deixa o pau com o formato de uma tampa de garrafa de champanhe e pode ser utilizado, com resultados fantásticos, no rompimento de hímens complacentes. Mas é sempre bom procurar um médico antes de começar a metástase, que pode levar seu pau (com você junto) ao cemitério.

Uretrite não gonocócica

É uma inflamação da uretra por diversos micróbios existentes in natura nos orifícios anais e vaginais da mulherada que não faz exame ginecológico pelo menos uma vez por ano. Aparece de uma a três semanas após a relação sexual em forma de corrimento claro, parecido com clara de ovo, que pode ou não causar ardência ao urinar. Na versão feminina se chama flores brancas, é de cor amarelada ou esverdeada, dá coceira, tem mau cheiro e causa dor na relação sexual. Confunde-se com as secreções normais das vagabundas e, por isso, pode não ser percebida por elas. Se não tratada a tempo, a infecção pode atingir e inflamar o útero, trompas e ovários, impedindo a mulher de engravidar. Tem muito macho convencido de que comer mulher com essa doença pode ser uma boa: pelo menos você não precisa ficar preocupado se a sacana está, ou não, tomando corretamente as pílulas anticoncepcionais.

Condiloma acuminado

A nossa popular crista-de-galo é causada por um vírus e, na maioria das vezes, transmitida por relação sexual. O primeiro sintoma é o aparecimento de verrugas semelhantes à couve-flor por toda a extensão da glande. Além de motivo de escárnio e zombaria, a plantação de couve-flor dói pra caralho (sentido lato) ao menor contato com a cueca. Quer dizer, o sujeito tem de ficar o tempo todo nu e ainda aguentar a gozação da vizinhança. A cura, difícil, dolorida e rudimentar, consiste em colocar o "cheio de varizes" num recipiente contendo ácido muriático com soda cáustica. Depois de meia hora, fazer uma escovação geral com palha de aço, esmeril e lixa-d'água. Caso as verrugas não tenham caído, nem seu pau, você deve criar vergonha na cara e procurar um médico decente para examinar essa porra.

Herpes genital

Também causada por um vírus transmitido durante a relação sexual, seus sintomas clássicos são o aparecimento de pequenas bolhas doloridas pelo corpo do cacete ou na coroa da glande. Quando essas bolhas se rompem, formam-se feridas que, após algum tempo, desaparecem sem deixar sinal. Mas o sacana do vírus não caiu fora: ele continua no seu pau e reaparece quando você vai à praia, pega muito sol e fica de pau duro vendo aquele mulherio todo brincando de frescobol. A doença também volta em condições de fadiga, causada por muito esforço ou preocupação, incluindo a demissão do emprego, ou quando aquela secretária gostosinha do outro setor decidiu que vai te dar o boga e você não pode comer porque foi chamado às pressas para uma reunião extraordinária. Essa doença favorece o aparecimento de câncer no colo do útero, e, quando o sujeito que a contraiu é casado, é um motivo mais do que justo para a patroa lhe passar uma belíssima gonorreia de gancho pra ver se ele aprende a trepar na rua usando camisinha.

Fimose

Doença introduzida na nossa cultura pela comunidade judaica e só curável por uma circuncisão durante cerimônia chamada brit milá. Trata-se de um estreitamento do prepúcio que impede a exposição da glande, o crescimento do pau e a prática da punheta. Foder, evidentemente, nem pensar. O acúmulo de esmegma (o popular sebo) e pingos de urina provocam uma irritação na chapeleta só comparável a assistir ao horário eleitoral gratuito ou participar de um debate sobre os direitos da mulher e do adolescente. O verdadeiro macho que sofre dessa merda, tão logo completa 12 anos, esgarça o pinto na marra e, não satisfeito, ainda dá um jeito de arrebentar o freio (o popular cabresto). O resultado é que o pau fica esfolado o resto da vida, o contato com a cueca diminui a sensibilidade da glande e tocar punheta vira um exercício sadomasoquista. Mas ainda é melhor do que esperar para se circuncidar depois de adulto, quando o pau, coitado, não pode mais crescer.

Ejaculação precoce

Este verdadeiro flagelo masculino é tão comum entre a população quanto a miopia e a paixão pelo Flamengo. Uma ejaculação normal seria a que ocorre mais de 10 minutos depois da penetração; uma ejaculação rápida, entre cinco e oito minutos; e a precoce, aquela que ocorre antes do início do ato sexual ou até 15 segundos após a penetração. Só dá tempo do sujeito dizer "vai ser bom, meu bem, não foi?". Para citar um número arbitrário, mas válido, o ejaculador precoce é aquele que em 99,9% dos casos não consegue dar prazer à mulher. Infelizmente essa doença é quase incurável, mas o sujeito pode fazer uns exercícios para melhorar sua performance:

1) Masturbação até sentir a proximidade do orgasmo;
2) Estrangulamento do pênis na altura da coroa da glande, usando os dedos indicador e médio na parte debaixo do pênis e o polegar na de cima, por volta de quatro segundos;

3) Quando a sensação de iminência do orgasmo ceder, repetir o processo. A meta é atingir um controle de 45 minutos, cinco vezes por semana, durante três meses;

4) Quando ela é alcançada, o paciente pode penetrar, mas com a parceira por cima e controlando-a para poder retirar o pênis quando sentir a iminência do orgasmo e fazer o estrangulamento da glande;

5) Atingindo um controle de 90 minutos, três vezes por semana, durante seis meses, o ato poderá ser realizado na posição lateral e sem muitas carícias preliminares. Nessas condições, o sujeito vai ter exatamente um minuto e meio para levar sua parceira ao orgasmo.

Mula

O potiguar Severino Xique-Xique, de Currais Novos, desenvolveu essa doença na década de 1930, depois de passar o dia inteiro correndo atrás de calango pra comer e ter coberto um jegue ainda com o corpo suado, na beira de um açude. Trata-se de um tumor benigno do tamanho de uma laranja-seleta, localizado entre o saco escrotal e a virilha, que faz o seu portador andar de pernas abertas, como se estivesse indo disputar um campeonato de rodeio em Barretos. Se não for logo sarado, o tumor desaparece depois de uma semana de sofrimento com dores, cãibra e sudorese aguda, para aparecer, 15 dias depois, no olho do quincas, já na sua forma secundária, provocando surdez, impotência, gagueira, cegueira, leseira e uma vontade da gota serena de colocar cascatas artificiais nos jardins da casa da sogra. Em casos extremos, o portador pode virar mesmo uma mula e ser apeado do poder, que é pra aprender a não se fazer de besta.

Priapismo

Doencinha muito da escrota e que consiste em ficar de pau duro, 24 horas por dia, pelo resto da vida. Parece que ocorre um problema na biela da válvula de retenção peniana, impedindo o fluxo sanguíneo de voltar e, o que é mais trágico, o seu líquido seminal de sair. Pra se ter uma ideia do grau de filhadaputice dessa doença, o sujeito que sofre de priapismo não consegue gozar nem mesmo se a Linda Lovelace, a Madonna e o Michael Jackson ficarem chupando seu pau durante uma semana seguida. Parece um pau envernizado por quatro comprimidos de anafranil, um quilo de cocaína e duas grades de cervejas: o bicho fica duro como ferro-gusa, mas com perda total de sensibilidade na chapeleta e regiões limítrofes. O esperma não sai nem pelo caralho (sic). O sujeito que sofre dessa estranha doença deve procurar, urgentemente, o mestre Paulão (da bateria da Acadêmicos do Salgueiro) ou o Carlinhos Brown (lá na Timbalada), que é a grande chance de ele tirar um som do caralho substituindo a baqueta pelo dito-cujo. Em compensação, tem muito coroa podre de rico disposto a dar casa, comida, roupa lavada e o próprio toba para quem souber informar como é que se pega essa doença. Eles acreditam (com razão) que sofrer de priapismo é muito melhor que conviver com aquela coisa ridícula chamada "prótese peniana". Aliás, cacete com prótese peniana parece bandeira em dia de luto: fica o tempo inteiro a meio pau.

Capítulo 9

Enfrentando problemas sem perder a classe

Dirigindo nesse trânsito louco

Não se sai à rua de carro para ganhar uma guerra, mas para deslocar-se de um ponto a outro no menor tempo possível. Ocorre que a cada dia o trânsito fica mais complicado, engarrafado e difícil, e acabamos chegando em casa estressados por ver tanta mulher dirigindo. Onde é que está a porra do Detran que não toma nenhuma providência?

Nunca empreste o carro para uma mulher dirigir, mesmo que ela tenha carteira de habilitação. No mínimo, a carteira foi comprada da máfia dos despachantes de veículos ou recebida, graciosamente, pelo correio, de algum candidato a vereador, em época de eleição. Aliás, mulher não tira carteira de habilitação, tira porte de arma. Sim, porque a mulher não possui o *physique du rôle* para dirigir automóveis: é nervosinha por natureza, acha que a pista foi feita exclusivamente para as suas (dela) barbeiragens, se assusta com facilidade e ainda não gosta de ouvir palavrões.

A coisa mais comum é ver mulher querendo estacionar um fusquinha numa vaga onde cabe um caminhão truck: ela coloca a cabeça toda pra fora da janela, fica olhando pra trás (provavelmente deve achar que os retrovisores são feitos pra pentear o cabelo) e, quando tira o pé da embreagem, acaba batendo no carro da frente. Saber a diferença entre uma marcha a ré e uma segunda, para uma motorista, é quase exigir que ela também saiba a teoria da relatividade ou a concepção quântica dos buracos negros.

Mulher dirigindo carro é igual lixeiro de mau humor: só serve pra espalhar merda no meio da rua. Quando você vir um carro tricotando em zigue-zague ou cozinhando o trânsito em banho-maria, pode apostar que tem uma égua na direção. E uma égua pilotando um motor com duzentos cavalos faz mais estrago que uma manada de hipopótamos numa loja de cristais finos.

Mas não a trate como uma inimiga. Não se trata disso. Em relação aos filhinhos de papai, arrogantes e boçais, que dirigem carros importados, ela é quase uma aliada. Uma coisa é ela tentando sair de uma vaga qualquer no centro da cidade arranhar a pintura da sua Parati 83. Outra coisa completamente diferente é ela, manobrando dentro da garagem de um edifício, conseguir acabar com a lateral inteira de uma Mercedes Benz 500 SL azul-metálica.

Na realidade, tirando as vezes em que a vaca liga o pisca-pisca pra esquerda e entra pra direita, freia o carro bruscamente pra acenar pra alguma conhecida que viu no ponto de ônibus, estanca e afoga o carro embaixo de um cruzamento perigoso na hora do rush, para em fila dupla para apanhar os filhos no colégio ou marcar hora no cabeleireiro e estaciona o carro com a frente na calçada e a traseira no meio da rua, uma mulher está sempre coberta de razão. Exceto se ela não for boa de cama.

Mas, voltando à vaca fria: com tantos meliantes do Comando Vermelho e filhos de desembargadores corruptos desfilando pelas ruas com carangos importados, mais possantes e mais bonitos que o seu, não custa nada aprender alguns macetes para infernizar a vida desses sacripantas.

Dê três buzinadas estridentes assim que o sinal abrir. Buzina existe para alertar os outros e, principalmente, para avisá-los de que você vai tirar o pai da forca e está com uma pressa arretada. Se o sujeito da frente reclamar, mande ele pra puta que pariu.

Ao fechar um cruzamento de propósito só porque outros carros avançaram o sinal e obstruíram a passagem, dê sempre a impressão de que seu carro enguiçou. Desligue o motor, desça do carro com uma chave de fenda na mão, levante o capô e fique mexendo nas velas, na biela ou no carburador. Se começarem a buzinar, você interrompe o serviço, deixa o carro no meio da rua e vai tomar uma cerveja no bar da esquina. Ou então coloca o pau pra fora e xinga todo mundo.

A pior coisa do mundo é encontrar vaga no Centro e estacionar sem pagar. Caso você tenha visto uma vaga lá atrás, sem nenhum fiscal da Prefeitura por perto, volte de marcha a ré custe o que custar, nem que pra isso tenha de provocar um engarrafamento monumental. Quem for podre que se quebre.

Falando em vagas, buzine com estridência, apressando o infeliz que está com dificuldades para entrar em uma. Esses mariquinhas costumam ter tanto medo de escândalos que acabam se mandando e deixando a vaga pra você. Outra coisa: pegar voando a vaga na qual alguém se prepara para entrar não é ser grosseiro, é ser esperto. Chapéu de otário é marreta.

Nunca dê passagem para o motorista que está tentando sair de uma garagem de prédio ou de uma via transversal. Dar passagem pra outro macho é coisa de viado.

Se você não conhece bem o lugar por onde está dirigindo, é melhor ficar a 20 km por hora com uma fila atrás do que passar de repente pela rua que você procura. Mesmo que seja uma rua estreita, sem pontos de ultrapassagem e com um carro da polícia de sirene ligada atrás de você.

Aprenda a parar colado no carro da frente. Assim, se ele tiver algum problema, você vai impedi-lo de manobrar. Aproveite a oportunidade pra colocar a cabeça pra fora e gritar: "Ô barbeiro filho da puta, onde tu comprou essa carteira de motorista tinha pra homem? Tira logo essa merda da frente antes que eu passe por cima"! Se o carro estiver conduzindo crianças, você pode muito bem dar cotoco ou pedir a rosquinha dos pivetes, usando os dedos indicador e polegar em forma de círculo.

Respeitar as preferenciais é coisa de viado. O motorista que vem pela preferencial só tem direito de passar primeiro se estiver num caminhão truck e você numa motocicleta. Caso contrário, é de quem chegar primeiro. Não se intimide, não tenha medo de cara feia, jogue duro e não abra as pernas. Macho que se preza não abre as pernas nem pra coçar o saco.

Se você se envolveu numa batida de trânsito estando completamente cheio de batida de maracujá e não está com os documentos do carro em dia, não se desespere nem tente subornar os guardas. Receba a multa, deixe o carro ir pro curral, vá algemado pra delegacia e depois resolva a parada, mas não tente, em hipótese alguma, molhar a mão dos guardas. Subornar guarda de trânsito também é coisa de viado.

Exigindo seus direitos de consumidor

Primeiro: não há etiqueta que o proíba de reclamar quando se sentir lesado. Segundo: ninguém precisa de licença para dar porrada em vendedor metido a espertinho. Terceiro: pra armar o maior cu de boi você não precisa estar coberto de razão nem invocar o Código de Defesa do Consumidor. Se queixar ao Procon também é coisa de viado.

Com a atual crise no comércio, basta você comprar uma cueca de copinho (ainda existem?) pelo crediário para obter o direito de "alugar" a loja, usando o telefone, por exemplo, como se estivesse em sua casa. Aproveite para fazer suas ligações interurbanas ou pra passar trote em algum cara de Nova York, fingindo ser o Ivan Lessa.

Ao entrar em uma loja de departamentos, procure cinzeiros à vista. Se não houver nenhum, bata a cinza no carpete ou apague o cigarro na parede. Na próxima vez, com certeza, algum palhaço vai providenciar a compra de cinzeiros.

Você não vai ferir os sentimentos de uma vendedora solícita, que está disposta a mandar descer todo o estoque de sapatos, se lhe disser: "Não leve a mal, minha santa, mas eu não dou duzentos reais por essa porra nem se me cortarem o saco", ou "Escuta aqui, minha flor, eu só daria duzentos reais numa merda dessas se estivesse cagando dinheiro." Isso não é uma crítica, mas uma informação que ela precisa saber para baixar o preço e não ter trabalho à toa.

Se, ao entrar em uma loja, a vendedora se apressar em lhe mostrar todo o estoque de camisas importadas, quando você só queria perguntar as horas, não pense que isso é uma nova estratégia de marketing: a vendedora está a fim de foder com você. Nos dois sentidos.

A balconista foi grosseira? Você não tem que aturar isso, nem discutir com ela ou ir se queixar ao gerente. Simplesmente coloque o pau pra fora e pergunte se ela é capaz de chupar um ovo sem babar o outro, se ela chora quando escapole, se jacaré no seco anda, se em caminho de paca tatu caminha dentro etc.

Sua calça novinha desbotou na primeira lavada? A vendedora não tem nada a ver com isso, é verdade, mas nada impede que você volte na loja e toque uma punheta naquele lugar onde as mulheres experimentam as roupas.

Fumar, assim como torcer pelo Vascão, é um vício típico de macho. Se você não conseguir resistir à vontade de fumar em um lugar cheio de gente, procure exalar a fumaça sempre na direção das pessoas que estão tentando parar de fumar. Elas são reconhecidas a distância porque possuem agulhas de acupuntura nos lóbulos ou adesivos de nicotina nos pulsos.

Queimar o braço ou a roupa de alguém com o cigarro não é motivo de constrangimento. Essas coisas, assim como casar com mulher feia, acontecem. Taí o Nigel Mansell que não nos deixa mentir. Mas ainda é bem melhor passar por desastrado do que segurar o cigarro na mão em concha para não queimar as pessoas. Vai parecer coisa de viado.

Quando entrar num restaurante pela primeira vez, procure sempre a mesa mais próxima do garçom, se pretende ser atendido, ou a mais próxima da saída, se pretende dar um xexo.

Antes de sentar à mesa e abrir o cardápio, visite primeiro o banheiro. Se não estiver limpo, a cozinha também não deve estar.

Pra mostrar que você é um homem em sintonia com seu tempo, coloque o seu microcomputador portátil na mesa e comece a digitar uma merda qualquer. Os laptops em restaurante agora chamam mais atenção que toca-fitas de bandeja ou telefone celular com filmadora. Sem contar que telefone celular com filmadora é coisa de viado.

Se você desconfiar que aquele bife quase cru que você mandou de volta à cozinha recebeu um "tempero especial", continue desconfiando. Garçons e cozinheiros realmente são vingativos contra clientes malas e cospem mesmo na comida que servem. Melhor pedir outra coisa.

Carne crua, portanto, está fora de cogitação. Com peixes e frutos do mar, atenção redobrada. Na dúvida, peça tudo bem-passado. Os gourmets podem torcer o nariz, mas você vai ter a chance de torcer o seu para eles depois, quando a maioria estiver internada num pronto-socorro com infecção intestinal.

Se o cardápio for imenso, não peça nada exótico. A receita de javali pode desenterrar um antigo monstro guardado no freezer há anos. Água só com gás. A natural pode ser substituída, mesmo na garrafa. E não tome sucos, pois não se sabe a origem da água usada nos mesmos. Sem contar que pedir suco em restaurante parece coisa de viado.

Evite jantar em restaurantes aos sábados. As cozinhas ficam sobrecarregadas nessas noites, o que afeta a qualidade dos pratos. Também nunca chegue 15 minutos antes de a cozinha fechar. Os cozinheiros vão se livrar do serviço o mais rápido que puderem. Enquanto você come a entrada, o prato principal requenta na estufa.

Trabalhadores de restaurantes ganham pouco e não podem se dar ao luxo de folgar quando estão gripados, espirrando e com o nariz escorrendo. São eles que vão mexer na sua comida. Fique esperto.

Mantenha uma distância bastante razoável dos restaurantes franceses. Apesar dos nomes poéticos (*langoustines croustillantes au basilic, ragot d'agneau aux morilles* etc.), não passa de uma comida tão sem-vergonha que, se servirem na sua casa, é bem capaz de você cobrir a patroa de porrada ou dar um chute na bunda da cozinheira. Sem contar que comida francesa é coisa de viado.

Quando o maître se aproximar com o cardápio, olhe-o com extrema misericórdia e pergunte à queima-roupa: "O que nós temos pra comer, além de você?" Que é pra ele ficar logo sabendo que você é um cliente exigente e pensar duas vezes antes de tentar enganá-lo com pratos da *nouvelle cuisine*.

Em uma cantina italiana, não é deselegante devolver o canelone que não veio como você pediu e mandar o garçom enfiá-lo no cu do cozinheiro, aquele carcamano filho da puta que vive se escondendo da Polícia Federal.

Em um restaurante grego, quando o maître perguntar se você gostaria de comer um carneirinho, diga que sim, desde que alguém o segure pra você.

Em um restaurante japonês é comum chamar o garçom e explicar, aos gritos, que parece ter havido um engano, você pediu sushi, quem pediu sashimi deve ter sido a puta que pariu. Isso não é ser grosseiro, é ser exigente.

Se você for muito bem atendido por um garçom, na segunda vez peça para sentar à mesa que ele atende. Ele fica bem na fita com o dono do restaurante – e a gratidão resulta num serviço melhor ainda.

Dividir um prato é legal, mas nunca peça água, limões e açúcar para fazer a própria limonada. Se você não tem grana para pagar o serviço, também não tem grana para ir a um restaurante.

Nos bares, é sempre bom urinar no rolo de papel higiênico e jogá-lo no vaso sanitário. Isso é uma poderosa simpatia contra eventuais cagadas. Nas choparias requintadas, com pia de mármore, espelho de cristal e toalha de rosto, a simpatia para ganhar mulher bonita é enxugar o pau na toalha.

Ao sair para jantar com uma amiga ou namorada, ofereça-se para dividir as despesas. Hoje em dia, isso é bastante comum. Se ela insistir, deixe-a pagar sozinha. É uma forma da mulher moderna sublimar a sua (dela) "inveja do pênis". Mesmo que você não tenha um pênis de fazer inveja.

Ao conferir a conta, tire do bolso uma calculadora e comente em voz alta os preços absurdos que estão cobrando naquela espelunca. Pode ser que o gerente, para evitar um escândalo ainda maior, resolva dar um desconto. Não custa nada tentar. Afinal, é preferível ter duas pombas na mão do que uma no zé do boga.

Confira sempre a sua conta pra ver se não incluíram a despesa da mesa ao lado ou se não somaram junto também a data da semana. Se desconfiar do preço de alguma coisa, antes de quebrar uma garrafa na mesa, segurar no gargalo e chamar o corno do gerente para uma conversa "de homem pra homem", chame a polícia. Esqueça aquela história de checar se o número do telefone da Sunab está ao lado do caixa. Ligar para a Sunab é coisa de viado.

Convivendo com a vizinhança

Certa parcimônia com os vizinhos é uma demonstração de sabedoria. Amigos a distância são mais bem administrados. Na porta ao lado tornam-se intrusos. Por isso, procure nem saber o nome dos vizinhos para, no caso de um dia precisar comer a mulher de um deles, não ficar com aquele sentimento de culpa de estar enganando um velho conhecido.

O elevador é, muitas vezes, o único lugar onde os vizinhos se cruzam. Entre e saia sem cumprimentar ninguém. Assim, no dia em que o elevador estiver lotado e você soltar um peido, nenhum deles vai ter coragem de fazer gracinha com a sua cara. Peidar ou fumar em elevador não é crime. Afinal de contas, você paga condomínio igual a todo mundo.

Mesmo que você perceba o seu vizinho entrando na portaria, ainda assim você não tem nenhuma obrigação de segurar o elevador, independentemente do fato de ambos morarem no vigésimo andar. Segurar elevador é coisa de viado.

Se uma vizinha bater na porta do seu apartamento, implorando para você diminuir o som porque ela está com dor de cabeça e não consegue dormir, ofereça logo uma cadeira e um drinque porque ela está a fim de trepar. Mulher que se preocupa com a altura do som na casa dos outros é porque está querendo trepar.

O fato de o seu condomínio permitir animais de estimação não exime você de jogar água quente naquele angorá que vive miando na sua porta ou de dar um bife com formicida para o poodle que cagou no seu tapete.

Pague rigorosamente em dia todas as taxas de manutenção, de serviços de segurança, de urgências imperiosas e de outras maracutaias típicas de condomínios, mesmo sabendo que o síndico está utilizando o dinheiro para reformar o próprio apartamento, mas não participe de nenhuma reunião de condomínio. Aquilo parece coisa de viado.

Convide para pegar um bronzeado na piscina do condomínio aquela vagabunda que você conheceu numa casa de programas. Mas só deixe ela fazer topless ou chupar seu pau se as crianças das outras famílias já estiverem no recinto.

Ensine aos filhos dos vizinhos que eles vivem em comunidade e não podem fazer o que querem só porque são crianças. Portaria, garagem e elevador não são lugar de brincar. Brincadeira não é gritaria. Ao terminar de expor seus argumentos, dê duas cachuletas em cada um, daquelas que estalam, deixam as orelhas vermelhas por cinco minutos e o sujeito passa o resto do dia ouvindo zumbido de abelhas.

Se, posteriormente, a mãe de uma das crianças vier tomar satisfação, você coloca o pau pra fora e pergunta se está faltando homem em casa. Se for o pai, também.

Aprenda a colocar seu lixo na portaria do condomínio, descendo pelo elevador só de óculos escuros, moleton e cueca. Assim todo mundo vai achar que você ou é doido varrido ou algum coronel reformado, e vão pensar duas vezes antes de lhe dirigir a palavra. O importante é manter a vizinhança afastada do covil.

Visitas em hospital

Não apareça sem avisar. Ligue antes para um parente próximo para saber se a doença é ou não contagiosa. É melhor perder um amigo para sempre a ganhar uma varíola e passar o resto da vida com a cara cheia de buracos.

Também evite cair na asneira de doar sangue, dando uma resposta convincente aos parentes do doente: "Por mim, eu doava, mas a porra dos médicos estão dizendo que eu sou soropositivo."

Evite perguntar detalhes da doença ou da operação. Geralmente as pessoas fazem isso para mostrar que se interessam, mas é um saco o doente repetir mil vezes a mesma história da espinha de peixe que engoliu e ficou atravessada no cu. Sem contar que é muito difícil segurar as gargalhadas.

Se a visita não for permitida nem conveniente no momento, deixe na portaria um cartão com um bilhetinho dando força: "Estive aqui hoje, mas os cornos não me deixaram entrar. Espero que o médico não tenha te arrancado a prega-rainha. Vê se tu sai logo do CTI, que aquela porra é danada pra dar infecção hospitalar. Um beijo na sonda que enfiaram na tua bunda."

Não ligue para o quarto do doente para saber o endereço daquela casa de massagem descolada que ele te recomendou um mês antes de ser atropelado e quebrar as duas pernas. Ele provavelmente não poderá atender e seu acompanhante deve estar morto de cansaço de tanto carregá-lo ao banheiro para urinar. Não os sobrecarregue mais ainda. Melhor: não os mate de inveja.

Se o doente estiver na enfermaria junto com dezenas de outros miseráveis, não tente levantar seu moral dizendo: "Fodido está aquele cara ali no canto, que além de câncer nem recebe visitas." Isso pode provocar um mal-estar geral entre os demais cancerosos na mesma situação.

Lembre-se de que o objetivo de uma visita a doentes não é dar apoio moral, e sim conferir se o sujeito vai escapar ou não da encrenca e contar pro resto da turma.

Não demore, não prove da comida, não pergunte o telefone da enfermeira, não fale muito, não leve a namoradinha dele pra ver o que é um pós-operatório de hemorroidas, não conte piadas que possam lhe arrebentar os pontos da operação de apendicite e não leve catecismos do Carlos Zéfiro, se ele se operou de fimose.

Mesmo que dê vontade, esta não é uma boa ocasião para contar, por exemplo, que ele acabou de ser demitido da empresa ou que você encontrou a mulher dele saindo do motel com o gerente da firma. Além de ser coisa de mariquinha, você ainda corre o risco de matar o sujeito do coração e não comer a viúva. Mulher tem memória de elefante e nunca esquece um dedo-duro.

Enterros e velórios de amigos

No velório, a sua cara deve denotar, ao mesmo tempo, inconformismo, resignação, pesar, impotência e uma extrema perplexidade. Algo assim como se você tivesse acabado de ver o Zico cobrando um pênalti pela seleção brasileira na Copa do Mundo, contra a França, e o goleiro tivesse defendido. Se for preciso, treine no espelho. Mas nada de choro. Choro em velório é coisa de viado.

Fique pelo menos um minuto ao lado do caixão olhando ternamente para o falecido, enquanto finge que está rezando, e nunca se esqueça de fazer o sinal da cruz antes de se afastar. Os parentes do morto vão lhe achar um cara decente.

Não se impressione nem fique irritado com o número de mulheres histéricas gritando que querem morrer e ser enterradas junto com o defunto. Comece a se preocupar apenas quando uma das histéricas for a sua namorada.

Evite comentários jocosos sobre o tamanho do pau do defunto apenas porque o filho da puta morreu sem lhe pagar uma dívida. Os mortos não pagam dívidas. E o fato de ele ter o pau pequeno não vai fazê-lo ressuscitar.

Nessas horas, o melhor a fazer é economizar palavras. Um forte abraço na viúva é suficiente para mostrar sua solidariedade e fazer ela perceber o tamanho do seu afeto e da sua mala.

Não pergunte o que aconteceu. Mas, se a distinta quiser falar, deixe-a desabafar. Às vezes é disso que ela mais precisa no momento: de um ombro amigo, de alguém que a ouça, ajude nas despesas da casa, leve as crianças pro colégio e coloque o lixo lá fora.

Se você estiver ouvindo futebol no iPod e o seu time fizer um gol, abaixe a cabeça e sussurre baixinho "gooooooooool", enquanto simula estar fazendo um carinho nos cabelos do defunto.

Se foi a sua sogra quem morreu, fique ao lado do caixão e encoste a mão nela para ver se está gelada, só para ter certeza de que a velha partiu de verdade.

Nunca espante qualquer inseto que esteja andando sobre o morto, em qualquer circunstância. Isso é danado pra dar azar.

Não é necessário passar a noite em um velório, a menos que você goste de rodas de piada, jogo de dominó, café requentado, ou de ficar dando em cima das cunhadinhas do defunto.

Não dê gargalhadas quando ouvir as piadas, mesmo que seja uma que você está conhecendo pela primeira vez. E quando chegar a vez de você contar a sua piada, faça com uma voz baixa, grave e respeitosa.

Você não precisa nem deve cumprimentar todo mundo. Afinal de contas, apesar de ter entrado na vaquinha pra comprar cachaça, ter provado do tira-gosto de salsichas e a curriola já estar improvisando a serenata do adeus, esse não é exatamente um acontecimento social. Usar preto também é desnecessário, a não ser que seja pra mandar comprar mais birita na taberna.

Não se sinta obrigado a ir ao velório e ao enterro. Essa obrigatoriedade é exclusiva do defunto.

Caso fique sabendo do fato somente depois da missa de sétimo dia, telefone pra viúva, explique por que não esteve presente e pergunte se ela está precisando de alguma coisa, nem que seja uma pombada.

Não visite, a menos que a viúva lhe peça. E não leve flores porque lembram cemitério. É mais elegante levar um bom vinho tinto tipo Cabernet e queijo ementhal ou gruyère pra fazer um tremendo fondue antes de foder. Afinal de contas, viúva é como lenha verde: chora mas pega fogo.

Quando sua namorada é separada e tem filhos

Com os filhos alheios, esqueça seu doutorado em Psicologia Infantil e não tente dar uma de boa-praça. Em geral, eles não gostam de perguntas sobre como vão na escola, que lhes passem a mão na cabeça ou de quem fica lhes pentelhando quando estão concentrados no video-game. A maioria gosta de morder os desavisados. E se conta nos dedos os que já tomaram vacina antirrábica.

Procure tratar os filhos dela com o maior distanciamento possível. Não esqueça que não são seus filhos, portanto, você não tem obrigação nenhuma de levá-los para matinês de discoteca e ficar esperando lá fora, feito um filho da puta qualquer, e ainda ficar com cara de que está se divertindo de montão. Não banque o trouxa, porque depois que você der o pé os filhos dela não vão querer a mão: vão querer uma mesada.

Se as crianças forem pequenas demolidoras e não respeitarem sua autoridade paterna de tio, converse com sua namorada e explique a situação. Só então você pode dar uma surra de cinturão em um deles, para mostrar que já estão passando dos limites.

Mesmo que sua namorada seja extremamente liberal, evite que as filhas adolescentes dela fiquem circulando na casa só de calcinha e sutiã, ou que deixem a porta do banheiro aberta quando estiverem no chuveiro. Como todo macho está sujeito ao seu dia de Woody Allen, não é bom facilitar.

Evite intrometer-se nas brigas dela com o ex-marido. Deixe que resolvam os problemas sozinhos. Se pegar uma discussão ao telefone, por exemplo, fique por perto apenas para conferir se não estão falando mal é de você.

Se, ao receber um telefonema do ex no dia do aniversário, a sua namorada começar a falar baixinho, não querendo que você ouça o teor da conversa, saiba que esse é um motivo mais do que justo para você dar uma boa surra na vagabunda. Só assim ela vai aprender que você é forte como uma porta, mas não é surdo. E que não quer levar um chifre de graça do antigo inquilino.

Se o ex-marido o hostilizar, explique que você não tem culpa de ele ser ruim de cama, ter o pau pequeno e sofrer de ejaculação precoce. Pode ser que não seja verdade, mas é sempre bom sair na frente em qualquer discussão.

Você não precisa conversar, nem mesmo trocar uma palavra gentil, quando atender um telefonema dele. Mas pode sempre mandá-lo tomar no cu e bater o telefone sem nenhuma explicação.

Convivendo com a sua ex

Ex-mulher é que nem pedra nos rins: só quem tem pode avaliar o tamanho da encrenca. E se você bobear, aquilo que começou como uma simples pensão pode acabar se transformando em um condomínio fechado com vista para o mar. Em termos de extorsão qualificada, ex-mulher não brinca em serviço.

Acontece que quem tem filho não pode considerar a separação como um corte radical definitivo. As crianças sempre serão motivo para encontros e conversas – incluindo o reajuste da pensão. Mas só volte a comer sua ex se tiver absoluta certeza de que ela não vai contar pra ninguém.

No aniversário das crianças escolha dar uma festa em um terreno neutro. Nem na sua casa nem na dela. É uma forma de amenizar possíveis situações constrangedoras, como ela se embriagar e cismar de chupar seu pau na frente da sua atual namorada. Ou espalhar para os convidados que a sua (dela) pensão não é reajustada há cinco anos.

As festas de Natal e Ano-Novo são dois momentos delicados. Vocês estavam habituados a reunir as famílias e, de repente, está cada um de um lado. Os outros parentes ficam cheios de dedos, sem saber o que fazer. Assuma o controle da situação antes que mal-entendidos aconteçam, não deixando para a última hora a decisão de onde vai dormir – se na casa da ex, da atual ou daquela vizinha cujo marido está viajando.

Nos aniversários dos ex-sogros, cunhados ou sobrinhos, procure dar um telefonema, nem que seja só pra dar um alô e provar que ainda não está morto. Manter boas relações com a família dela facilitará eventuais trepadas para tirar o atraso na época das vacas magras. É verdade que amor de pica onde bate fica, mas é sempre bom não facilitar.

Trate com frieza e um desprezo calculado o namorado da sua ex, mesmo quando ele tentar agradá-lo. Os que fingem conviver em perfeita harmonia com os ex-maridos são os piores. Não custa muito, o filho da puta é bem capaz de começar a desfilar com aquelas roupas supertransadas que você comprou por uma fortuna e que ficaram no guarda-roupa da megera após a separação.

Quando encontrá-lo em lugares públicos, ridicularize-o. Quando estiverem a sós, ameace capá-lo com uma faca cega. Na frente dos seus filhos, procure fazê-lo passar por idiota. Em conversa reservada, dê a entender que o fato de ele estar comendo sua ex é uma simples deferência sua. Que quem manda naquela xoxota é quem paga a pensão alimentícia – você, evidentemente.

Faça a sua ex registrar em cartório, com firma reconhecida e tudo, que nunca vai dar a bunda pra filho da puta nenhum além de você.

Quando você é o Ricardão

Na abordagem de mulheres comprometidas o que conta mesmo é a sua experiência de homem casado. Procure lembrar-se de tudo aquilo que irrita sua mulher, e faça a coisa certa. Por exemplo, por mais grosseiro, estúpido e casca-grossa que você seja em casa, na frente da sua futura vítima procure parecer o mais gentil e atencioso possível. Dê a nítida impressão de que você foi educado num colégio de freiras carmelitas, sabatinado por uma iracunda governanta inglesa e aprovado com louvor e distinção.

Nas primeiras conversas, dê a entender que o seu casamento acabou, não por sua culpa, mas por culpa daquele bicho escroto que você tem em casa. Fale mal da sua esposa. Diga que ela se parece com um mamute pré-histórico, tem a inteligência de uma vaca espanhola, o senso de humor de um cão dinamarquês, o *sexappeal* de um hipopótamo e que, entre outras coisas, gasta o seu ele com a fúria consumista de quem descobriu que dinheiro nasce em árvore.

Desnude a intimidade do casal. Fale que vocês não trepam mais nem pra cumprir tabela e que a sua cara-metade, além de roncar como uma locomotiva a vapor, tem o péssimo hábito de arrotar na mesa de refeição. Conte que ela caga com a porta do banheiro aberta, que se tranca no quarto quando tem visitas, que amassa o tubo de pasta no meio, que deixa a ponta do papel higiênico encostar no chão e que, ultimamente, deu pra cheirar cocaína e aprontar os maiores escândalos com a vizinhança.

Radicalize. Explique que, quando ela resolve cozinhar, o arroz gruda no fundo da panela, o feijão fica insosso e que a carne, quando não fica crua, fica queimada. Queixe-se de que até o seu vira-lata não consegue comer qualquer coisa feita pela vagabunda com o secreto medo de acabar envenenado. Com a voz meio embargada, confirme que ainda não se separou da infeliz por causa das crianças. Ah, as crianças! Mas, antes de entrar no elogio deslavado a elas, convém limpar cuidadosamente uma lágrima solitária no canto do olho. Se ela, comovida, lhe oferecer um lenço de papel é porque está quase no papo.

Evite retomar o assunto crianças. Faz parte da estratégia e tem a vantagem de aguçar a curiosidade da sua futura vítima. Deixe ela ficar imaginando que tipo de pai você é. Zeloso? Carinhoso? Autoritário? Compreensivo? Deixe ela tentar descobrir sozinha se você daria um bom pai para os seus (dela) filhos. Peça um uísque sem gelo, tome de uma talagada só e fique fitando o horizonte em silêncio, como se você fosse o último ser vivo pensante sobre a face da terra. Aí, com um gesto estudado de "deixa pra lá", se abra num imenso sorriso e comece a falar sobre coisas triviais.

Fale que você adora cozinhar, lavar pratos e varrer a casa. Diga o nome do seu detergente favorito, aquele que tem cheiro de maçã e é biodegradável. Conte que seu programa favorito no domingo é ir à missa e depois fazer compras na feira livre. Reclame do preço do chuchu e do cheiro-verde. Explique didaticamente a diferença entre uma batida funk e uma batida tecnopop. Troque receitas sobre a cozinha mineira e condimentos baianos. Discorra, com a mesma elegância, sobre a mais recente descoberta no campo da matemática pura, o último livro da Doris Lessing e aquele disco póstumo do saxofonista Charlie Parker, com arranjos de Oliver Nelson e Claus Ogerman. Dê um banho de erudição, mesmo que fique parecendo coisa de viado. Nesse caso – e só nesse caso – os fins justificam os meios.

É evidente que, depois de um certo tempo, ela vai começar a se queixar do marido. Deixe-a falar à vontade. Finja estar prestando atenção e balance a cabeça negativamente, condenando as atitudes do cônjuge ausente. Conforte-a dizendo aquelas coisas bobas que toda mulher gosta de ouvir. Que, infelizmente, os homens ainda são muito machistas e que a maioria só pensa em satisfazer os próprios desejos. Que certos homens não gostam de demonstrar seus sentimentos graças a uma educação repressora e machista, mas que com você, graças a Deus, foi diferente. Que você tem mais amigas do que amigos, porque as mulheres são mais sinceras. Que na próxima encarnação você gostaria de nascer mulher para sentir o prazer de gerar uma vida e depois amamentar, e por aí afora. Se for preciso, leia aquelas cartas de mulheres mal-amadas que são publicadas na revista Cláudia e use como referência.

Quando ela começar a olhá-lo extasiada, como se você fosse o elo perdido entre o arquétipo de uma civilização superior e o troglodita que ela deixou em casa, se prepare para dar um xeque-mate em três lances. Primeiro lance (bispo ataca rainha): você a convence de que os dois possuem o mesmo problema, ou seja, são as pessoas certas convivendo com as pessoas erradas. Segundo lance (rainha toma bispo): depois que ela refletir bastante sobre o assunto, insinue que vocês deveriam comemorar essa importantíssima descoberta com um legítimo champanhe Don Pérignon. Terceiro lance (cavalo come rainha e dá xeque-mate): com aquele ar entediado de um legítimo *connoisseur*, você a convence de que o melhor champanhe Don Pérignon da cidade é o servido no motel Le Baron, porque já vem acompanhado de caviar russo e pasta de salmão. Com certeza ela vai querer pagar pra ver. Mulher é tudo vaca.

Quando você é vítima do Ricardão

Você descobre que a sua galinha pedrês está querendo ciscar grama no quintal do vizinho quando ela começa a fazer regime para emagrecer. É gozado, mas de uma hora para outra a despensa da sua casa é invadida por arroz integral, lentilhas, glúten, ricota, germe de trigo, tofu e outras porcarias que só de falar o nome dá vontade de vomitar.

Tá certo que você já não visitava o canteiro de obras com tanta assiduidade, mas daí a ganhar um capacete de viking, vamos e venhamos, é querer abusar um pouco da sua paciência. Como diz o Millôr Fernandes, uma das contradições do homem educado num sistema possessivo e restritivo, tendo a mulher como dependente total, é que ele pode não ter relações sexuais com ela durante seis meses mas quer matar qualquer pessoa que o faça.

A sua cara-metade, apesar de suas piadinhas sórdidas e insinuações irônicas, mergulha de cabeça na malhação: exercícios aeróbicos, caminhadas, ginástica localizada para o bumbum, massagem facial três vezes por semana, e, suprema heresia, te convence a comprar uma bicicleta ergométrica. O inferno começa quando ela atinge a silhueta ideal e passa a jogar duro na hora de trepar. Um dia não pode porque está com enxaqueca, outro dia está menstruada, outro dia está morta de cansaço e por aí vai. Na verdade, a sua mulherzinha querida está apenas enfastiada. De tanta pica do Ricardão.

No dia em que seu time perder uma decisão de campeonato com um gol de impedimento, chegar uma notificação da Receita Federal dizendo que você caiu na malha-fina e o seu filho mais novo realizar a suprema façanha de conseguir destruir o motor do seu Nissan Pathfinder zero quilômetro quando participava de um "pega" na vizinhança, você pode aproveitar a maré de sorte pra encostar sua mulher na parede que a bandida vai abrir o jogo. Afinal de contas, você não tem mais nada a perder.

Cuidado. A vagabunda vai confirmar o que toda a vizinhança andava fofocando, mas tentará, por todos os meios, te convencer de que você é o único responsável pelo desastre ocorrido. Os argumentos da adúltera serão risíveis: fazia uma porrada de tempo que vocês dois não saíam juntos pra comer fora, fazia uma porrada de tempo que vocês dois não iam além do "papai e mamãe", fazia uma porrada de tempo que vocês dois não se curtiam como antigamente e, aí, você se lembra, fazia uma porrada de tempo que você não dava umas porradas na vadia pra ela acabar com essas cobranças.

Você agora está numa bela sinuca de bico. Dar porrada não adianta porque toda mulher gosta de apanhar. Caçar o Ricardão pra lavar a honra manchada é trabalhoso, melhor mesmo é trocar os lençóis da cama. Tentar devolvê-la pra casa dos pais também não vai adiantar nada porque esses putos não costumam receber de volta o material que ficou obsoleto. E depois, tem as crianças. Ah, Deus, as crianças!

Sua mulher ainda vai ter a petulância de tentar te explicar, de uma forma bem adulta e desapaixonada, porque resolveu dar pro Ricardão. O filho da puta, segundo ela, além de doce, meigo, compreensivo, solidário, carinhoso, e de tratá-la como uma verdadeira princesa, ainda possui o vigor sexual de um adolescente. Em suma, o Ricardão é exatamente o seu oposto. A sacana vai esquecer completamente que quando você a conheceu o seu vigor sexual era muito maior do que o desse tal Ricardão, e que depois de dez anos de casados as coisas acabam mudando um pouco. Ela vai fazer pouco caso dos seus argumentos. Na realidade, ela não quer que você se sinta um corno: ela quer que você se sinta um merda.

Você não quer nem saber da aparência do vigarista porque, na sua cabeça, a imagem virtual do salafrário já está delineada: deve ser um crápula desprezível que se aproveita dos instintos maternais de uma mulher casada e sem defesas psicológicas apenas porque a coitadinha está deprimida por ter um marido que não liga pra ela. Como se o marido dela fosse telefone. Você calcula o jeitão do fariseu: deve usar uma barba ridícula, óculos fundo de garrafa, tem pigarro, ri olhando pro chão, mastiga palitinho de fósforo com o canto da boca e deve fazer pose de entendido em jazz.

Mas aí, quase que por condicionamento reflexo, você pergunta pelo tamanho do pau do sacripanta. Se a sua mulher ainda te amar de verdade, ela vai dizer que é a metade do seu, muito mais fino, e que obrigou o lazarento a usar camisinha. Se ela não te amar, vai dizer que é o triplo do seu, duas vezes mais grosso e que, na hora, a última coisa que ia se lembrar era de pedir pra ele usar camisinha. Nesse caso, evite a tentação de perguntar se ele botou no cu. É bem capaz de ela confirmar só pra ver você tomar 12 cápsulas de cianureto e se jogar pela janela do décimo quinto andar. Mulher não vale nada, tanto que até pobre tem.

Bom, agora que você descobriu que é corno, restam duas alternativas pra você não pirar de vez. Primeira alternativa: você se convence de que boceta é igual a fusquinha (lavou, tá novo!), perdoa a vagabunda e tenta esquecer o assunto. Nesse caso, você corre o risco de ficar conhecido na vizinhança como corno manso. Segunda alternativa: você se convence de que boceta é igual a Ferrari Testarossa (não dá pra emprestar!), pega suas coisas, desocupa a vaga e manda o seu advogado ir cuidar da separação. Nesse caso, você corre o risco de ficar conhecido na vizinhança como corno brabo. Em qualquer uma das hipóteses, nada será como antes. Pergunte só pra sua mulher. Ou então pro Ricardão. Lembre-se de que mulher é igual a relógio: deu o primeiro defeito, nunca mais anda direito.

Capítulo 10

O estilo profissional do futuro

Quando você é o chefe

Enfrentar o mercado, provar competência, impor respeito e chegar a diretor da empresa, sem sombra de dúvidas, é tarefa para um verdadeiro macho. Acabou essa frescura de ser delicado com as pessoas e aquela viadagem chamada trabalho participativo. Chefe é pra mandar, subordinado pra obedecer, e não se fala mais nisso.

O chefe ideal, para qualquer empresa, é aquele que coloca o cargo acima da religião, da pátria e da família, não dá moleza no serviço e faz as pessoas trabalharem pra ele sem se queixar, nem que seja preciso, de vez em quando, dar umas vinte chibatadas em algum folgado e deixá-lo três dias no pelourinho. De cabeça pra baixo.

Você deve sempre chegar tarde quando os funcionários chegarem cedo e sempre chegar cedo quando os funcionários chegarem tarde. Que é pra eles saberem logo quem é o fodão do pedaço.

Evite entrar na sala dos funcionários quando eles estiverem trabalhando feito loucos. Deixe para fazer sua aparição apenas quando eles estiverem jogando conversa fora. Na entrada da porta, apenas balance a cabeça em silêncio, como se estivesse dizendo "bonito, hein?" e vá embora. Isso vai deixá-los estressados por uma semana.

Jamais elogie o serviço benfeito dos funcionários, pois eles podem ter uma crise de autovalorização e te pedir aumento. Como ceder à pressão de funcionários por aumento salarial é coisa de viado, eles que procurem os viados do RH para fazer suas reivindicações.

Nunca aceite os palpites dos funcionários. Se os palpites forem realmente bons, coloque-os em prática depois de alguns meses e emita uma comunicação interna dizendo que a ideia foi sua.

Diante da solução de um problema banal, você deve mudar de ideia incansavelmente até levar seus colaboradores à loucura. Se você demorar mais de 10 segundos, então não tem nenhuma vocação pra ser chefe.

Quando um subordinado quiser falar com você, não responda "agora não posso". Mande ele entrar e faça-o ver, pessoalmente, que a presença dele na sua sala é sempre absolutamente desagradável. Mas não se irrite com a mediocridade das pessoas. Deus deve amar os medíocres. É por isso que fez uma porrada deles.

Ao andar pelos corredores, não cumprimente ninguém. Você não é candidato a porra nenhuma pra ter que angariar falsas simpatias. Também nunca peça por favor. O por favor tira a sua autoridade. Dê ordens em tom de ordem que é pra curriola aprender a não ter dúvidas sobre quem é o verdadeiro fodão do pedaço. Se descobrir algum funcionário fofocando a seu respeito, ajude o sujeito a sair dessa vidinha inglória de eterno mariquinhas: dê um belo pontapé na bunda dele.

Não anote recados para os outros. Dê-se importância: você é um chefe, não aquela senhora que serve cafezinho na cantina. Vai se atrasar? Você não tem de dar satisfação a ninguém. A secretária, se quiser, que avise os outros ou cancele a reunião. Alguma coisa ela tem que fazer além de chupar seu pau na hora do almoço.

Por falar nisso, sempre que tiver uma chance, apresente sua secretária a outros chefes, ressaltando seus pontos fortes: "Esta aqui é fulana, fala inglês e francês fluentemente, tem redação própria, é estenógrafa, taquígrafa, sabe usar microcomputador, conhece todos os podres da empresa mas nunca abriu a boca. Sem contar que é um tremendo piço e nunca foi convocada para depor numa CPI!"

E o mais importante: lembre-se sempre de no Dia da Secretária levar a sua para comer fora. Nem que seja na sala ao lado. Ah, a propósito: esqueça esse papo de que você pode ser processado por assédio sexual. Isso é papo de viado guaxumão ou de mulher feia querendo ganhar 15 segundos de fama no Fantástico.

Desde que o mundo é mundo que amigo de infância come caçador de marajás, lutador de boxe come candidata a miss, chefe come secretária, médico come enfermeira, político come cabo eleitoral, dono de cursinho come ex-primeira-dama, motorista de ônibus come trocador, comandante come aeromoça, fotógrafo come modelo, patrão come empregada, motorista come madame e nunca ninguém abriu a boca para reclamar.

Para o verdadeiro macho, o assédio sexual nos escritórios não é mais uma alternativa a ser estudada, mas uma questão de lógica cartesiana: você não precisa apanhar a mulher em casa pra comer; ela já está ali, ó, na mão. Macho que é macho não assedia; macho olha nos olhos, convida pra tomar um chope, leva a vaca pro motel e come. E se ela não quiser dar pra você, o Departamento de Pessoal é logo ali do lado.

Em casos extremos, isto é, se ela for uma boa funcionária e precisar do emprego pra sustentar a mãe viúva e oito irmãos menores, você até pode abrir uma exceção: conte a ela que o que não falta é menininha bonitinha querendo ser secretária executiva. Se, depois de todos esses argumentos, ela ainda insistir em não querer foder com você, porque já está noiva, demita. Lei da selva é isso.

Agora, se a sua secretária for uma tremenda mocreia, evite chegar no escritório de ressaca. A ressaca tem o inconveniente de deixar os machos de pau duro e doidos pra foder. Daí pra você executar a mocreia na mesa de reuniões vai ser um pulo. Pro seu pau cair, também.

Nunca demita ninguém por justa causa. A demissão é um ato unilateral, em que os seus motivos são mais que suficientes. Lembre-se: quem pode manda e quem tem juízo obedece. Não é à toa que você come num restaurante separado, e sem entrar em fila de bandejão como o resto da peãozada.

Cuidado com subordinados ligados ao movimento sindical, principalmente se ele for militante da CUT. Todo militante da CUT é fanático, ou seja, não muda de ideia e não consegue mudar de assunto. Ou então fala de um assunto que não conhece e faz o interlocutor pensar que a culpa é dele.

Se um deles vier discutir com você sobre o direito de tomar água no bebedouro durante o expediente, não se irrite. Contra-argumente com moderação. Mas se você não pode com os argumentos dele, há sempre o velho recurso de mandá-lo ir chupar cu de passarinho. Ou pedir-lhe pra ver se você não está na esquina comendo a bunda da senhora sua (dele) mãe, aquela mequetrefe sem-vergonha que dá expediente em dois puteiros na boca de lixo mais fuleira da cidade. Se isso não fizer o desvalido pedir a conta, nada mais fará.

Em uma reunião

Marque reunião sempre à última hora, preferencialmente nos finais de expediente de uma sexta-feira. Isso vai obrigar as pessoas a adiarem outros compromissos, vai dar a sensação de que você não tem nenhuma consideração por elas e criar um clima tão hostil que ninguém vai ter peito de falar sobre aumento salarial.

Chegue sempre atrasado, principalmente se foi você que convocou a reunião. Isso cria logo um diferencial: você é um sujeito superocupado que não pode perder tempo; eles são um bando de folgados, que ficaram meia hora coçando o saco na sala de reunião sem procurar algo útil pra fazer.

Procure monopolizar as atenções, mesmo que não tenha nada interessante para dizer. Ao não deixar os outros falar, você não está sendo grosseiro – está apenas mostrando que a opinião deles e merda é a mesma coisa. E isso não é grosseria, mas também se for, foda-se.

Agora, se você quer apenas que as pessoas pensem que você é muito inteligente, um sujeito brilhante e um puta boa-praça, simplesmente concorde com elas em tudo que opinarem. Isso nunca falha e é a base daqueles livros de autoajuda inventados pelos americanos, do tipo "como fazer sucesso, conquistar amigos e influenciar pessoas".

Em qualquer reunião, parta do princípio lógico de que é muito fácil encontrar soluções quando você não sabe exatamente qual é o problema. Agradeça qualquer observação dos seus subordinados com comentários do tipo "esse idiota não entendeu porra nenhuma" ou "só um animal com a mãe na zona tiraria uma conclusão dessas". A melhor defesa é o ataque. Agindo assim você não sofrerá nenhuma contestação nem passará pelo vexame de ter de dar razão a um subordinado. Se um dia isso ocorrer, é muito melhor pedir a conta. Macho não dá vexame.

Dê um esporro sempre que alguém o interromper porque você está fugindo do assunto. Não em voz tão alta que possa parecer histerismo nem em voz tão baixa que possa parecer fraqueza. Sacanagem por sacanagem, você precisa mostrar aos putos onde é que o sapato aperta e quem é a calçadeira.

Procure manter o sangue-frio quando a situação estiver ficando perigosamente fora de controle. Se você não disser nada, ninguém pedirá que repita. Se você fechar os olhos como se estivesse meditando profundamente, pode muito bem aproveitar e tirar um bom cochilo.

Você sempre pode encerrar qualquer reunião de trabalho (as populares *task force*) dando uma demonstração prática de quem, ali naquela sala, tem a força ou o poder de mando: com um soco na mesa, lascando o cinzeiro na cabeça de alguém ou mandando os presentes pra puta que pariu.

Em uma viagem de negócios

Mesmo viajando na primeira classe, em vez de business ou econômica, tente poupar os comissários de bordo. O fato de estar pagando mais caro só lhe dá direito a uma poltrona mais larga, champanhe e copo de vidro. De resto, eles não estão lá para resolver a sua insônia, dor nas costas ou carência de um ombro amigo.

Bêbados são chatos em qualquer lugar, a qualquer hora e a qualquer altura. Em um ambiente fechado, como em um avião (onde a bebida sobe literalmente muito mais rápido do que em terra), tornam-se insuportáveis. Aliás, hoje a legislação internacional já reza que sejam desembarcados na primeira escala ou atirados de paraquedas sobre o oceano. Não é exatamente um bom começo nem fim de viagem, concorda?

Podem conferir: quanto menor a mala, mais viajado o dono dela. Quem viaja bem viaja leve. Evite malas enormes, difíceis de transportar, e sacolas de mão (aquelas de lojas, que turistas de primeira viajem adoram!), que lhe farão parecer um ganso desequilibrado bamboleando pelos aeroportos e estações.

Não há motivo para intimidade com porteiros, camareiras e garçons. Basta ser educado e cortês. Aprenda a reclamar para a pessoa certa: não adianta falar, por exemplo, com a camareira, sobre a limpeza de seu quarto. Existe um responsável pelo andar. Fale com ele. O mesmo se aplica ao pessoal do restaurante e recepção.

Não insista com os vendedores para ganhar brindes e amostras grátis a mais do que já ganhou. Você quer ser tratado como um cliente vip e não como um turista chato, certo? Na Europa e nos EUA, mercadoria com a etiqueta pode ser trocada até mesmo seis meses após a compra. Porém, não abuse dessa boa fé. Não vale a pena bancar o "esperto" e usar a roupa uma ou duas vezes, indo trocar por outra no dia seguinte.

Segundo os americanos, a menos que o sujeito seja mudo, gago ou tenha nascido em algum outro país, falar inglês está cada dia mais fácil. Mas a gente sabe que não é bem assim. Apesar da proliferação absurda de escolas de idiomas em todas as cidades, a maioria das pessoas ainda não consegue diferenciar um *I love you* de um *son of a bitch*. A solução, nesse caso, é decorar meia dúzia de expressões idiomáticas que dê pro gasto. Aí vão algumas delas:

It was hard work getting there in time. (Será que não tem um filho da puta pra me ajudar com a porra da minha bagagem?)

It's none of your business. (Procure direito que a reserva foi confirmada via e-mail)

She got changed fast (É fácil chamar uma mulher na chincha aqui nessa cidade de merda?)

Jesus Christ! (Nossa, que peitão!)

Oh, my God! (Nossa, que bundão!)

Hello, baby! (E aí, gata? Tá a fim de foder?)

Are you crazy? (Duzentos dólares por uma chupetinha? Nem fodendo!)

Oh, shit! (Porra, isso nunca me aconteceu antes!)

More hot chocolate? No, I'm fine, thanks. (Comer uma crioulinha do Bronx? Não, obrigado!)

Someone Lynn Paul cleaned your fat ass in my towel. (Alguém limpou o cu na minha toalha.)

Hey, old man, take my picture? (O senhor pode tirar uma fotografia minha?)

More for behind! More for behind! (Mais pra trás! Mais pra trás!)

Hey, come here, you bastard! (Êi, volte aqui, seu flamenguista de merda!)

The noise was getting in the way (O ladrão narigudo saiu correndo por ali)

Hey, pederast! Go to play refreshball in the bitch, what delivered! (Êi, baitola! Vai jogar frescobol na puta que o pariu!)

Evite a pontualidade nos encontros e reuniões. Um executivo pontual é como um peixe andando de bicicleta, uma coisa absolutamente ridícula. Você vai parecer um cu de ferro inoxidável e nunca mais será bem-visto. Lembre-se de que nunca há uma segunda oportunidade de se causar uma primeira boa impressão.

Procure informar-se sobre os hábitos e a cultura do lugar para onde vai. Isso evitará possíveis gafes e o risco de parecer mal-educado. Por exemplo, no Japão é absolutamente normal peidar e arrotar durante um almoço de executivos, assim como na Argentina pegar na bunda do interlocutor é uma forma tradicional de saudação.

Os americanos reservam o *shake hands* para as apresentações ou, os mais efusivos, para reencontros de longa data. Os esquimós preferem oferecer a xoxota da esposa. Os franceses, também. Nos países do Leste Europeu, os executivos são apresentados dando um beijo na boca e uma batidinha nos colhões. Já se você fizer isso na Arábia Saudita, o mínimo que acontece é lhe cortarem o saco à cimitarra em praça pública.

Sempre se apresente dizendo seu nome, cargo e preferência sexual, que devem estar impressos no seu cartão de visita. Na Europa, no Japão e nos Estados Unidos só não tem cartão de visita quem é viado, cantor de *gangsta rap* ou imigrante clandestino.

Procure guardar o nome das pessoas. Nem sempre é fácil, mas uma maneira de não esquecer é anotar atrás do cartão de visita de cada um algo que o identifique, como fulano usa óculos fundo de garrafa, fuma feito um curupira e vive coçando uma creca nos colhões, ou sicrano é completamente careca, meio gago e tem toda a pinta de que já deu o cu.

Ao fazer relatórios de viagens, lance sempre despesas acima do limite estipulado pela empresa. Consiga notas frias, adultere o valor das faturas dos hotéis, minta no valor das gorjetas, invente despesas fictícias com táxis e outros meios de condução, enfim, faça qualquer coisa para não ter de devolver dinheiro para a Tesouraria. Devolver dinheiro em relatórios de viagens é coisa de viado.

Quando você tem um chefe

A vida de empregado é uma dureza, meu chapa. Se ele for atencioso, é puxa-saco. Se não for, é arrogante. Se chama o chefe de "você", é folgado. Se chama o chefe de "senhor", é lambaio. Se fica pra trabalhar depois do expediente, está fazendo média. Se sai na hora certa, é desinteressado. Se cumpre estritamente as normas, não tem iniciativa. Se questiona, é indisciplinado. Se elogia o chefe, é gozador. Se critica, é insubordinado. Se disser que está satisfeito com o salário, é hipócrita. Se disser que está insatisfeito, é marrento. Se não tem trabalho pra fazer, é porque não procura. Se tem muito trabalho, é preguiçoso. Se faz cursos de qualificação, é aproveitador. Se não faz, não tem vontade de progredir. Se procura conhecer outros serviços, é dispersivo. Se só entende do seu, é bitolado. Se não colabora, é mandado embora. Se colabora, o chefe é promovido.

Além disso, quando se é empregado na iniciativa privada (no serviço público não, que lá todo empregado é seu próprio chefe...), a palavra "chefe" dá calafrios em qualquer um, mesmo nos que se dão bem com ele. Afinal, por mais legal que o chefe seja, tem sempre um dia em que ele acorda de ovo virado. E, aí, sai de baixo!

A exemplo do mosquito da dengue, os chefes idiotas estão espalhados por todos os cantos e possivelmente você já esbarrou em tal figura na sua carreira – se ainda não, aguarde sua vez na fila. A má notícia é que, em geral, eles estão no comando. A boa notícia é que os verdadeiros machos podem dar a volta por cima e assumir o controle da situação.

A chave para sobreviver nas grandes corporações sem encher de chumbo o quengo do seu chefe idiota é assumir as rédeas sobre a única coisa que você sempre vai poder controlar: sua resposta emocional às coisas que outras pessoas dizem, fazem ou lhe mandam fazer. Em suma, você precisa identificar qual o seu tipo de chefe idiota e jogar o jogo de acordo com as regras dele.

Muitas vezes, quando o calo aperta, as pessoas buscam o trabalho autônomo como meio de se libertar de chefes que consideram idiotas. Mas quase sempre descobrem tarde demais que seu novo chefe é um idiota maior do que aquele que ele acabou de insultar a caminho da porta de saída. Não entre nessa roubada.

Portanto, se você não é nenhum maricón, aprenda a desconstruir esses sacripantas para construir sua estratégia de defesa. Ou de ataque.

Chefe masoquista – Ele é autocrítico, depressivo e sorumbático. Faz questão de não terminar os trabalhos, foge das cobranças e prefere liderar o departamento rumo ao fracasso. Seu chefe age assim? Então desligue-se o quanto antes. Saia antes que você se machuque em uma armadilha de urso que ele colocou no escritório para prender o próprio pé. Com esse tipo de chefe baixo-astral não há negociação possível.

Chefe sádico – Ele é extremamente crítico, perseguidor e cruel. Não tente enfrentá-lo, ele o combaterá. Não tente mudar de departamento, ele o perseguirá. Não demonstre prazer no trabalho, pois ele irá incumbi-lo cada vez mais de tarefas. Talvez o mais temível de todos os chefes, o sádico é aquela pessoa que, por ter sofrido muito anteriormente, passa a ter prazer em proporcionar o sofrimento alheio. Por isso, uma das técnicas para lidar com esse tipo de chefe é enrabar a mulher dele. E espalhar no escritório.

Chefe paranoico – Ansioso e inseguro, ele acha que todos estão contra ele. Seu único porto seguro é a secretária, que ele sonha secretamente em comer. Seja mais do que eficiente: enrabe a secretária dele e espalhe no escritório. Como o chefe paranoico adora inventar possíveis conspirações contra ele, mantendo-o constantemente atarefado em vigiar a secretária, você impede que ele lhe faça mal.

Chefe deus – É egocêntrico, tem pouca noção da realidade e se julga um verdadeiro sabe-tudo. Não contrarie um chefe deus. Se ele se acha o máximo, não discorde. Em essência, esse tipo de chefe age dessa maneira por mera insegurança. Para driblar possíveis conflitos, não bata de frente com ele e saiba ceder nos pequenos embates. Perca as batalhas e vença a guerra. Chefes deuses têm a ver com poder, porque o poder esconde a incompetência. Enrabe a filha caçula dele e espalhe no escritório, que você conseguirá trazer os pés do chefe deus de volta ao chão.

Chefe camarada – Ele é compreensivo, carente e pegajoso. Quer que você seja mais do que um simples subordinado: quer que vocês sejam amigos. Se você aceitar trocar tarefas por horas de conversa fiada, esse é o chefe ideal. Mas se, ao contrário, você desejar cumprir com suas funções, tenha jogo de cintura e imponha certos limites. Se cada vez que ele solicitar seu tempo você estabelecer um limite, a tendência é que ele não o interrompa mais quando tiver a intenção de prolongar a conversa. Se ele der mole, enrabe o sacana e espalhe no escritório

Chefe visionário – Esse é o chefe dos sonhos, que todo mundo gostaria de ter, mas raramente encontra. Ele é capaz de liderar com sensibilidade e eficácia. Transparente, ele explica aonde quer chegar e como. Faz cobranças de forma educada e cordial. Promove a estabilidade emocional e motiva a equipe. Dá asas a quem demonstra ser capaz de voar. Sob sua batuta, o talento e a dedicação são sempre recompensados. Você tem um desses chefes? Cuidado pra não dar o cu pra ele.

Chefe conselheiro – Ele delega tarefas importantes e acompanha de perto a execução, pronto para corrigir o rumo quando necessário. Está sempre aberto a conversas sobre desempenho e ajuda os comandados a identificar os próprios pontos fortes e fracos. Para extrair o que cada um tem de melhor, procura saber mais sobre ideologias, aspirações e até sobre a vida pessoal. A melhor maneira de lidar com ele é convidá-lo para pegar as putinhas do setor de Contabilidade depois do expediente.

Chefe agregador – Ele é aquele tipo que comenta os resultados do futebol na rodinha do corredor e organiza churrascos. Quer, acima de tudo, que todos na equipe se respeitem e se gostem. Por isso evita ter pessoas de temperamento difícil sob seu comando. Enfrenta certa resistência, já que alguns interpretam essa atitude como tolerância à mediocridade. Às vezes assume comportamentos dúbios, como exigir transparência dos comandados e ao mesmo tempo desprezar quem faz fofocas. Parece um cara bacana, mas pode ser um perigo: em nome da equipe, é capaz de esmagar um talento individual. A saída é deixar claro o descontentamento com a situação. E, se possível, quebrar a perna dele durante uma partida de futebol society.

Chefe democrático – Ele é aquele que gosta de ouvir a equipe antes de decidir. Há quem o considere indeciso ou até mesmo despreparado, já que a principal atribuição de um chefe é justamente tomar decisões. Apesar da aparência receptiva, esse tipo de chefe só valoriza quem produz ideias que realmente fazem diferença. Por isso o subordinado não se deve deixar seduzir pelo clima de abertura e cair na tentação de palpitar sobre tudo. Ao se relacionar com ele, evite dar muitas sugestões e capriche na pertinência de seus palpites. Convidá-lo para uma suruba com as putinhas do setor de Contabilidade durante o expediente pode ser uma boa.

Chefe agressivo – Ele jamais se contenta com os resultados. Viciado em trabalho, quer que todos sejam como ele e não perdoa a quem faz o que considera "corpo mole". Não se preocupa com sacrifícios na vida pessoal dos comandados. Usa o esforço alheio como trampolim para se dar bem. É um bom chefe, por algum tempo, para quem quer aperfeiçoar-se ou conhecer os próprios limites. Depois, deve-se escapar dele – de preferência depois de ter enrabado sua irmã e espalhado no escritório.

Chefe filho da puta – Ele é dado a variações de humor. Abusa da autoridade, comete injustiças e vive de cara amarrada. Parece sentir prazer em maltratar funcionários. Gosta de promover a competição entre os comandados, não com a intenção de fazê-los crescer individualmente, mas apenas pelo benefício da empresa e, é claro, dele próprio. Embora esteja condenado ao fracasso caso insista em disseminar terror, não é provável que ele mude. A saída é suportá-lo até o dia em que você puder passar uma gonorreia de gancho pra mulher dele e espalhar no escritório.

Como aumentar seu salário

Se já ficou claro que o idiota do seu chefe não vai te dar aumento salarial pelas próximas cinco décadas, então você deve estar preparado para aumentar seu salário por conta própria. Como? Trabalhando cada vez menos.

Em termos proporcionais (você recebe para trabalhar 40 horas semanais, bicho, ou já esqueceu?), basta reduzir sua carga horária que você automaticamente "aumenta" o seu salário. Portanto, mãos à obra.

Adquira o saudável hábito de ler os jornais todos os dias e dizer ao pessoal do escritório que um funcionário bem-informado vale por dois. Tente gastar nessa sua leitura diária pelo menos umas duas horas.

Beba muita, mas muita água! O tempo de levantar de sua mesa para ir até o bebedouro somado com a consequente pausa para tirar água do joelho pode representar aproximadamente 20% do tempo gasto no seu trabalho.

Diga a todos que você tem uma mania fanática de limpeza e siga o ritual diário de limpar a sua mesa, seu teclado, monitor, telefone, mouse, sua cadeira, seu copo de guardar canetas e todos os apetrechos correlatos. Faça questão de frisar que um funcionário asseado é o primeiro requisito para a organização de uma empresa.

Dê uma de técnico de hardware e passe horas desmontando o seu micro para reparar pequenos problemas, inventados por você mesmo. Além de gastar um tempão com isso, você vai ficar sem trabalhar mais algumas horas enquanto um técnico de verdade arruma as cagadas que você fez.

Diga que você pegou uma virose de asma tipo Sears nível 3, uma doença mais rara do que mulher de 18 anos ainda virgem, que te obriga a sair para tomar ar fora da empresa de 15 em 15 minutos. Não se esqueça de informar a todos que as vítimas dessa doença podem até falecer ao tomarem grandes sustos, como, por exemplo, uma demissão inesperada.

Diga que agora você é adepto da arte milenar do zen-budismo tântrico e faça um ritual diário de concentração, apagando as luzes do escritório, colocando as mãos no rosto, fechando os olhos... E aproveitando pra tirar um cochilo!

Peça para seus amigos de outras fábricas passarem trotes para o seu chefe dizendo que trabalham em grandes multinacionais e marcando reuniões do outro lado da cidade. Além de o seu chefe fazer papel de otário, você vai ganhar valiosas horas de sossego.

Fique por dentro dos campeonatos de futebol do mundo inteiro e puxe papo com os seus colegas. Com certeza isso lhe renderá valiosos minutos de enrolação. Importante: evite falar mal do time do seu chefe, senão ele proíbe o assunto e você se dá mal.

Comece a fumar. Além de poder interromper o trabalho várias vezes ao dia para ir ao "fumódromo", você vai ficar com câncer de pulmão e sair de licença médica. Se tiver mais sorte, você até morre e não tem que trabalhar nunca mais!

Capítulo 11

Dormindo com o inimigo

Desde que Charles Darwin escreveu seu monumental trabalho *A origem das espécies*, em 1859, a maioria dos cientistas vem tentando explicar a sexualidade humana com base em determinantes biológicas. Os encontros sexuais entre homens e mulheres ocorreriam por imposição natural. Os homens espalham suas sementes e as mulheres acolhem-nas, de modo a garantir a sobrevivência do homo sapiens. Mas esta é apenas uma parte da verdade. O que Darwin não explicou, porque não era isso que buscava, foi o motivo pelo qual um determinado homem, num momento específico de sua vida, procura mais uma determinada mulher do que qualquer outra, mesmo sabendo que existem milhares de mulheres que ele ainda não comeu.

Esse paradoxo ordinário deixa várias questões em aberto. Por que, quando uma mulher o atrai, o macho, mesmo sendo materialista convicto, tem rasgos de fé e remove montanhas para descobrir onde ela trabalha? Por que ele telefona insistentemente, convidando-a para tomar um chope gelado sem compromisso? Por que ele gasta uma grana preta em e-mails mandando sonetos de Vinicius de Moraes ou poesias de Carlos Drummond de Andrade, dizendo que está perdidamente apaixonado? Por que, quando finalmente consegue arrastá-la a um boteco, sente calores e calafrios, suas faces ficam ruborizadas, a mão sua, o coração acelera, o olhar esgazeia e o sacana fica tão nervoso que acaba derramando cerveja no vestido novo dela?

A explicação darwinista é insuficiente para dar conta dessa fome canina de um macho pela fêmea, uma curiosa fome sexual, que é altamente discriminatória, já que as mocreias estão fora da jogada. Não sendo boiola, o macho sente atração sexual por qualquer coisa que mije de cócoras e não seja sapo, mas há algumas mulheres que o atraem muito mais do que as outras. É um velho e delicioso mistério que não pode ser entendido apenas pelo ângulo simplificador da biologia. Seria o mesmo que tentar explicar o apetite pela necessidade de preencher o organismo de nutrientes. É, de novo, parte da verdade, como se percebe quando o prato preferido – com aquele aroma, aquela consistência, aquelas cores, aquele sabor – se aproxima. A fome saciada se redescobre em ansiedade pelo prazer que aquele pitéu oferecerá.

Não é de amores eternos que estamos falando, como sabe muito bem todo o casal que esteja vivendo junto há mais de cinco anos. É de paixão fulminante, desejos proibidos e obscuridades dos desígnios. Começo, meio e fim, portanto. A mesma mulher que despertou os mais voluptuosos pensamentos, tempos depois, continua linda e gostosa, mas o anseio minguou, o tesão diminuiu, a vontade de trepar se mandou e não deixou o telefone. Enquanto isso, a mocreia antes preterida adquire um viço nunca imaginado. Não foi à toa que o príncipe Charles trocou a boazuda Lady Di pela caidaça Camilla Parker Bowles. Quando isso ocorre, a mulher ainda pode provocar uma recaída no tesão masculino, mas isso não vai salvar relacionamentos que se desfizeram pela falta de apetite. No máximo, pode conferir um brilho extra ao amor e, por isso, torná-lo um pouco mais eterno. Enquanto duro.

A base de tudo, portanto, está na gula masculina para comer – no sentido figurado – o corpo de uma mulher, ou melhor, no desejo investido pelo homem no corpo idealizado da mulher, o que talvez explique esse fascínio masculino de estar sempre querendo voltar ao útero. Ao útero de qualquer pessoa. Estudos avançados dos grandes mestres botânicos da canalhice chegaram à conclusão de que cada tipo de mulher pode ser associado livremente às características básicas de alguma fruta. Sabendo identificar a que vai comer, você reduz enormemente a sua chance de ser corneado, porque já sabe qual o barato da quenga que está rebocando. Não esqueça que chifre é igual consórcio: quando menos se espera, o sujeito é contemplado. Por ser uma lista extensa e ainda em fase de revisão final, vamos citar apenas as mais comuns.

1) Mulher Melancia: além de redonda e pesada, é muito casca grossa.

2) Mulher Maracujá: tem a cara enrugada e depois que se come dá um puta sono.

3) Mulher Tangerina: é fácil de abrir, mas é cheia de gomos.

4) Mulher Banana: é meio pesada e dá uma puta indigestão se for comida de madrugada.

5) Mulher Abacaxi: é gostosa, mas a preparação pra comer requer muita paciência.

6) Mulher Morango: é bonita e vistosa, mas se estraga com facilidade.

7) Mulher Limão: com cachaça é uma delícia, mas dá uma puta ressaca.

8) Mulher Acerola: é pequena, azeda e muito boa para curar resfriado.

9) Mulher Laranja: adora ser chupada.

10) Mulher Camu-Camu: vale por dez laranjas.

11) Mulher Jaca: ninguém consegue comer sozinho.

12) Mulher Maçã: é fácil de encontrar e dá o ano inteiro – apesar de a maioria ser argentina.

13) Mulher Pêssego: apesar de amarelas e aguadas, a maioria está bem conservada.

14) Mulher Ameixa: só dá uma vez por ano.

15) Mulher Coco: tem a cabeça dura e cheia de água.

16) Mulher Mamão: só gosta de ser comida na posição mamãe & papaya.

17) Mulher Framboesa: dá muito no estrangeiro.

18) Mulher Romã: ninguém sabe onde encontrar.

19) Mulher Laranja-lima: não tem gosto de nada.

20) Mulher Pera: tem o tronco fino e a bunda avantajada.

21) Mulher Goiaba: a maioria já vem bichada.

22) Mulher Jabuticaba: quando se come demais, fica-se três dias sem cagar.

23) Mulher Abacate: se comer todo dia, quem engorda é o cara.

24) Mulher Uva: está sempre enroscada em algum cacho.

25) Mulher Melão: é comida de gente rica.

26) Mulher Graviola: só dá nos quintais de subúrbio.

27) Mulher Caju: deixa um travo esquisito na boca.

28) Mulher Laranja-da-terra: ninguém come porque gosta, só porque a mãe obriga.

29) Mulher Jatobá: é fofinha e gostosa, mas depois de chupada só sobra o bagaço.

30) Mulher Kiwi: é estranha, mas muito gostosa.

31) Mulher Ingá: só quem já comeu mais de uma vez aprecia o produto.

32) Mulher Fruta-pão: antes de comer tem de cozinhar um bom tempo em banho-maria.

33) Mulher Jambo: dá muito mais do que você é capaz de comer.

34) Mulher Castanhola: você só para de chupar quando deixa no caroço.

35) Mulher Pitanga: se você não comer logo, vem outro e come.

36) Mulher Piquiá: dá mais trabalho pra comer do que aparenta.

37) Mulher Murici: ninguém consegue comer todo dia.

38) Mulher Abio: é impossível esconder que comeu.

39) Mulher Tucumã: tem gente que come com casca e tudo.

40) Mulher Manga: depois de comer, sobram alguns fiapos no dente.

41) Mulher Biribá: é gostosa, mas tem a cara cheia de espinhas.

42) Mulher Buriti: apesar de escamosa, produz um suco agradável.

43) Mulher Araçá: muitas vezes dá pra comer de pé.

44) Mulher Tamarindo: tem pouca gente que come.

45) Mulher Taperebá: seu cheiro é reconhecido a distância.

46) Mulher Uixi: tem a crosta enrugada, mas vale a pena.

47) Mulher Pitomba: quando passa do muro, o vizinho come.

48) Mulher Abricó: não tem gosto de nada, mas é sumarenta.

49) Mulher Sapotilha: depois de começar a comer, você não quer mais parar.

50) Mulher Marirana: tem um cheiro forte, mas muito enjoativo.

Outros estudos avançados de grandes psicólogos canalhas chegaram à conclusão de que cada tipo de mulher assume uma determinada personalidade na hora do orgasmo, e que isso diz muito do seu caráter, de como ela deve ser e agir no dia a dia. Sabendo identificar cada tipo psicológico, você reduz enormemente a sua chance de ser corneado, porque já sabe qual a verdadeira persona da quenga com quem está se envolvendo. Não esqueça que chifre é igual a plano de saúde: um dia você ainda vai ter um.

De todos os tipos clássicos de mulheres que gemem na peia, a mais conhecida é a que faz o tipo "asmática". Na hora em que chega o orgasmo ela fica com falta de ar, balança as mãos na frente do nariz como se quisesse oxigenar o cérebro e emite uns ruídos arfantes semelhantes a uma sirene de ambulância defeituosa, que soa mais ou menos assim: "Uóóóuuhhh! Uóóóuuhhh! Uóóóuuhhh!".

Em linhas gerais, são os seguintes os gritos de uma mulher gozando, de acordo com sua personalidade:

1) Geográfica: "Aqui! Aqui! Aqui!"

2) Matemática: "Mais! Mais! Mais!"

3) Religiosa: "Ai, meu Deus! Ai, meu Deus! Ai, meu Deus!"

4) Suicida: "Eu vou morrer! Eu vou morrer! Eu vou morrer!"

5) Homicida: "Se você parar agora, eu te mato! Se você parar agora, eu te mato!"

6) Sorvete glacial: "Ai, kibon! Ai, kibon! Ai, kibon!"

7) Zootecnista: "Vem, meu macho! Vem, meu macho! Vem, meu macho!"

8) Torcedora de futebol: "Entra com bola e tudo! Entra com bola e tudo! Entra com bola e tudo!"

9) Professora de inglês: "*Oh, my God! Oh, my God! Oh, my God!*"

10) Torcedora do Rubens Barrichello: "Não para! Não para! Não para!"

11) Torcedora do Hélio Castroneves: "Mais rápido! Mais rápido! Mais rápido!"

12) Maria Antonieta: "Eu vou perder a cabeça! Eu vou perder a cabeça! Eu vou perder a cabeça!"

13) Margarina Primor: "Que delícia! Que delícia! Que delícia!"

14) Negativa: "Não! Não! Não!"

15) Positiva: "Sim! Sim! Sim!"

16) Evangélica: "Aleluia! Aleluia! Aleluia!"

17) Desbocada: "Puta que pariu, filho da puta! Puta que pariu, filho da puta!"

18) Edipiana: "Ai, meu Pai do céu! Ai, meu Pai do céu! Ai, meu Pai do céu!"

19) Serpente naja: "Sssssss... Sssssss... Sssssss"

20) Professora: "Sim! Isso! Por aí! Agora! Exato! Isso! Assim!"

21) Anêmica: "Eu vou desmaiar! Eu vou desmaiar! Eu vou desmaiar!"

22) Paranormal: "Tô sentindo! Tô sentindo! Tô sentindo!"

23) Desinformada: "O que é isso?... O que é isso?... O que é isso?..."

24) Falsa moralista: "Me chama de puta! Me chama de vaca! Me chama de quenga!"

25) Maluca beleza: "Você tá me deixando doida! Você tá me enlouquecendo! Você vai me pirar!"

26) Masoquista: "Me bate! Me bate! Me bate!"

27) Cozinheira: "Mexe mais! Mexe mais! Mexe mais!"

28) Cética: "Eu não acredito! Eu não acredito! Eu não acredito!"

29) Analista de sistemas: "Okaaayyy! Okaaayyy! Okaaayyy!"

30) Jogadora de bingo: "Falta pouco! Falta pouco! Falta pouco!"

31) Romântica: "Diz que me ama! Diz que me ama! Diz que me ama!"

32) Ama de leite: "Morde meu seio! Morde meu seio! Morde meu seio!"

33) Nordestina: "Cutuca, meu bem, cutuca! Cutuca, meu bem, cutuca! Cutuca, meu bem, cutuca!"

34) Guarda de trânsito: "Mais devagar! Mais devagar! Mais devagar!"

35) Viajante: "Eu vou! Eu vou! Eu vou!"

36) Alpinista: "Tô quase chegando! Tô quase chegando! Tô quase chegando!"

37) Descritiva: "Eu vou gozar! Vou gozar! Eu tô gozando! Tô gozando! Gozeeeiiii!!!"

38) Animadora de TV: "Vem comigo! Vem comigo! Vem comigo!"

39) Cantora sertaneja: "Agora, vamos juntos! Agora, agora! Agora, vamos juntos! Agora, agora!"

40) Cantora de pagode: "Tá delícia, tá gostoso! Tá delícia, tá gostoso! Tá delícia, tá gostoso!"

41) Psicóloga: "Freud! Freud! Freud mais!"

42) Lenhadora: "Me racha no meio! Me racha no meio! Me racha no meio!"

43) Medrosa: "Estou toda arrepiada! Estou toda arrepiada! Estou toda arrepiada!"

44) Passageira de ônibus: "Mais depressa! Mais depressa! Mais depressa!"

45) Mecânica: "Me aperta com força! Me aperta com força! Me aperta com força!"

46) Engenheira de tráfego: "Tá vindo! Tá vindo! Tá vindo!"

47) Avarenta: "Não tira! Não tira! Não tira!"

48) Flanelinha: "Vem! Vem! Vem! Aiiiiii... Agora solta..."

49) Ambiciosa: "Eu quero tudo! Me dá tudo! Põe tudo!"

50) Cardíaca: "Me segura que eu vou dar um troço! Me segura que eu vou dar um troço!"

51) Dançarina de forró: "Isso aqui tá muito bom, isso aqui tá bom demais! Isso aqui tá muito bom, isso aqui tá bom demais!"

52) Astronauta: "Estou me sentindo na lua! Estou me sentindo na lua!"

53) Beata: "Ai, minha Nossa Senhora do Rosário! Ai, minha Nossa Senhora da Conceição! Ai, minha Nossa Senhora de Fátima!"

54) Metalúrgica: "Me bota no torno! Me bota no torno! Me bota no torno!"

55) Transformista: "Me aperta, me arrocha, me chama de Marta Rocha! Me aperta, me arrocha, me chama de Marta Rocha!"

56) Maratonista: "Anda! Anda! Anda!"

57) Estudante do Yázigi: "Ohhh... Yes!... Ohhh... Yes!... Ohhh... Yes!..."

58) Dengosa: "Ai, mamãezinha!... Ai, mamãezinha!... Ai, mamãezinha!..."

59) Convencida: "Se não aguenta, pede água! Se não aguenta, pede água! Se não aguenta, pede água!"

60) Eterna insatisfeita: "Tira da xana e bota no meu cu! Tira da xana e bota no meu cu! Tira da xana e bota no meu cu!"

As demais são combinações desses vários tipos.

Estudos avançados de grandes canalhas cibernéticos também chegaram à conclusão de que cada tipo de mulher poder ser associado livremente às características básicas de linguagens de computador utilizadas atualmente. Sabendo identificar cada exemplar, você reduz enormemente a sua chance de ser corneado, porque já sabe qual o conteúdo da quenga que você está dispensando ou deletando da memória. Não esqueça que chifre é igual a sapato branco: só fica bonito nos outros.

1) Mulher Compilada: aquela que funciona em qualquer lugar, a qualquer hora, com qualquer um.

2) Mulher Excel: dizem que faz muitas coisas, mas você só a utiliza para as quatro operações básicas.

3) Mulher Norton Utilities: só serve para melhorar o seu rendimento ou em casos de total emergência.

4) Mulher USB: dizem que se conecta com qualquer dispositivo, mas quando ela aparece nunca ninguém tem um disponível.

5) Mulher ScanDisk: a gente sabe que ela é legal e só quer ajudar, mas por debaixo dos panos, na real, a gente nunca sabe o que ela está fazendo.

6) Mulher Network: a que difunde os seus principais atributos a todas as suas amigas.

7) Mulher Paintbrush: só serve para seus filhos brincarem e olhe lá.

8) Mulher RAM: aquela que esquece o que faz assim que desliga.

9) Mulher HardDisk: aquela que se recorda de tudo que você fez o tempo todo.

10) Mulher Windows: todo mundo sabe que não presta, mas ninguém vive sem ela.

11) Mulher Encarta: só o Bill Gates tem paciência para aguentar por mais de meia hora.

12) Mulher Windows Vista: já deu problema para 80% dos usuários e ainda vai dar problemas para os outros 20%.

13) Mulher PowerPoint: faz tudo parecer bonitinho.

14) Mulher GetRight: serve para você conseguir outras mulheres de forma segura.

15) Mulher Macintosh: é a mais avançadinha do mercado, mas requer uma manutenção dispendiosa e dificilmente entra no pau.

16) Mulher ScreenSaver: não serve para nada, mas é bonitinha.

17) Mulher Mouse: só funciona quando é arrastada e apertada.

18) Mulher Palmtop: pequenina, mas eficiente.

19) Mulher Joystick: vive deixando você com a mão suada e com cãibra no braço.

20) Mulher Soundblaster: nela, a única coisa que presta é a voz.

21) Mulher Univac: velha, grande, meio lerda e esquenta rápido demais.

22) Mulher DOS: todos usaram algum dia, mas agora ninguém quer mais nem ouvir falar a respeito.

23) Mulher BASIC: todos usaram algum dia, mas agora ninguém com mais de 12 anos aguenta.

24) Mulher AMD: boa, bonita e mais barata.

25) Mulher Linux: está aberta pra todo tipo de nova experiência.

26) Mulher Backup: você sempre acha que tem, mas na hora do vamos ver não funciona.

27) Mulher Vírus: também conhecida como esposa, quando você menos espera ela chega, se instala e vai levando os seus recursos. Se você tentar desinstalar, também vai perder alguma coisa. Em casos extremos, aliás, você vai perder quase tudo.

28) Mulher Internet: aqui no Brasil, são as mulheres de acesso mais difícil.

29) Mulher Provedor: está sempre ocupada demais pra te ouvir.

30) Mulher Microsoft: quer dominar qualquer um que apareça na frente, e tentará convencê-lo de que isso é o melhor para você. Arquiteta planos mirabolantes para jogar você contra as outras mulheres, e promete que fará o que você quiser se você jogar fora sua agenda com o telefone das amigas. Sem que você perceba, aos poucos, ela será a única na sua vida. Chegará um dia em que até para abrir a geladeira ou pegar as chaves do carro, você terá que pedir sua permissão.

Na realidade, todo computador é feminino. Eis aqui algumas razões que atestam, cientificamente, essa descoberta:

1) Assim que se arranja um, aparece outro melhor na esquina.

2) Ninguém, além do criador, é capaz de entender a sua lógica interna.

3) Mesmo os menores errinhos que você comete são guardados na memória para futura referência.

4) A linguagem nativa usada na comunicação entre computadores é incompreensível para qualquer outra espécie.

5) A mensagem *bad command or file name* é tão informativa quanto "se você não sabe porque estou com raiva, não sou eu quem vai explicar!!!!"

6) Assim que você opta por um computador, qualquer que seja, logo você estará gastando tudo o que ganha com acessórios para ele.

7) O computador processa informações com muita rapidez, mas não pensa.

8) O computador do seu amigo, do vizinho ou do seu escritório é sempre melhor do que o que você tem em casa.

9) O computador não faz absolutamente nada sozinho, a não ser que você dê o comando.

10) O computador sempre trava na hora que você mais precisa.

Existem outros fatores extremos que confirmam que mulheres são de Vênus e homens são de Marte. Apenas para aguçar sua curiosidade, vamos dar alguns exemplos.

Coisas que só uma mulher consegue:

1) Passar a vida inteira lutando contra o próprio cabelo.

2) Comprar uma blusa que não combina com mais nada, só porque o preço estava irresistível.

3) Ser tratada feito idiota pelo mecânico da oficina.

4) Fingir naturalidade durante um exame ginecológico.

5) Acreditar no poder de uma calça jeans para rediagramar a estrutura do corpo.

6) Ter crise conjugal, crise existencial, crise de identidade e crise de nervos em dias alternados de uma mesma semana.

7) Ser mãe solteira, mãe casada, mãe separada e mãe do marido.

8) Assistir a um videotape de futebol só para fazer companhia ao marido.

9) Escutar dos taxistas que "mulher no volante perigo constante, homem do lado perigo dobrado".

10) Depilar a perna de 15 em 15 dias – com cera quente.
11) Rasgar a meia na entrada da festa.
12) Sentir-se pronta para conquistar o mundo quando está usando um batom novo.
13) Chorar no banheiro, mas se olhando no espelho para ver qual o melhor ângulo.
14) Achar que o seu relacionamento acabou e depois descobrir que era tudo tensão pré-menstrual.
15) Nunca saber se é para dividir a conta e reclamar dos preços ou se é para ficar meiguinha e não abrir a boca.
16) Ser chamada de tia por uns brotinhos bem gatinhos, amigos do seu neto.
17) Colocar uma cinta para disfarçar a barriga.
18) Ficar completamente feliz porque ele ligou.
19) Dizer "não", para ele insistir bastante, e aí, então, dizer "sim".
20) Sorrir gentilmente para um cliente da empresa enquanto uma cólica louca lhe rasga as entranhas como se fosse uma peixeira cega.
21) Passar seis horas diárias malhando na academia até ficar magérrima, para o marido a trocar pela gordinha do 501.

Coisas que só uma mulher entende:

1) Por que é bom ter 25 pares de sapatos pretos.
2) A diferença entre creme, marfim, salmão e bege-claro.
3) Que chorar pode ser divertido.
4) A elegância de roupas soltas e cafonas compradas no brechó.
5) Que uma salada, bebida diet e um sundae de chocolate fazem um almoço equilibrado.

6) Fritar um ovo sem furar a gema.
7) Que descobrir um vestido de marca em oferta pode ser considerado uma experiência de vida.
8) A inexatidão de toda balança.
9) Que achar o homem ideal é difícil, mas achar um bom cabeleireiro é praticamente impossível.
10) Por que um telefonema entre duas mulheres nunca dura menos que 10 minutos.

Coisas que toda mulher deveria saber:

1) Homens bonitos não são legais.
2) Homens bonitos e legais são gays.
3) Homens bonitos, legais e héteros convictos estão casados.
4) Homens não tão bonitos, mas legais, não têm dinheiro.
5) Homens não tão bonitos, mas legais e com dinheiro acham que toda mulher está somente atrás do seu dinheiro.
6) Homens bonitos e sem dinheiro estão de olho no dinheiro da mulherada.
7) Homens bonitos, não tão legais e razoavelmente héteros não acham que a maioria das mulheres seja bonita o suficiente para transar com eles.
8) Homens bonitos que acham todas as mulheres bonitas e são razoavelmente legais e têm dinheiro são também meio gays.
9) Homens que são razoavelmente bonitos, razoavelmente legais e têm algum dinheiro são tímidos e nunca tomam a iniciativa.
10) Homens bonitos que nunca tomam a iniciativa também perdem o interesse, automaticamente, quando uma mulher toma a iniciativa, porque devem ser gays.

11) Homens legais e héteros convictos são feios, lisos e enxeridos. Assim como nós.

Coisas que toda mulher precisa saber:

Por que os homens sempre desarrumam os tapetinhos do banheiro?
Porque tapetinho arrumado é coisa de viado.
Por que os homens nunca mijam sentados?
Cada coisa no seu lugar. Mijar em pé, cagar sentado. É a lei.
Por que os homens, depois de mijar, não abaixam a tábua do vaso sanitário?
Porque a gente já teve o trabalho de levantar na nossa vez. Cada um com seus problemas.
Por que os homens, mesmo levantando a tábua, mijam fora dos vasos?
Porque, infelizmente, o orifício peniano não é redondo. Logo, o jato nem sempre vai para onde o pau está apontando. Além disso, esse buraquinho às vezes fica grudado, gerando uma dispersão de jatos, principalmente durante a mijada matinal.
Por que os homens sempre deixam um pelinho na borda da latrina?
Para marcar território.
Por que os homens nunca esfregam o clitóris no lugar certo?
Só de sacanagem.
Por que os homens não sabem onde fica o Ponto G?
Ponto o quê?
Por que os homens adoram transar por trás?
Para poder continuar assistindo à TV sem a mulher perceber.

Por que os homens pegam vídeo de sacanagem sem história?

Pela sacanagem, ora! É como ver os gols do Fantástico sem precisar assistir o jogo todo.

Por que a fantasia dos homens é transar com a melhor amiga da sua mulher?

Não, a verdade não é com sua melhor amiga. É com todas as suas amigas!

Por que os homens jamais topariam um *ménage à trois* com mais um homem?

Porque é nojento.

Por que os homens adoram girar o pau como se fosse uma hélice de helicóptero?

Se as mulheres tivessem um, também iriam girá-lo. É tipo brincar de laço de cowboy.

Por que os homens estão sempre com os músculos da bunda contraídos?

Para não peidar quando a barriga ficar batendo nas nádegas das parceiras.

Por que os homens têm tesão em meninas com uniforme de escola?

Ahhhhhhh, as meninas com uniforme de escola...

Por que os homens empurram a cabeça da mulher pra baixo quando querem chupetinha?

Porque se pedir, elas não vão.

Por que os homens seguram a base do pau na hora da chupetinha?

Para ver se elas se concentram em lamber mais em cima, que é onde sentimos alguma coisa.

Por que os homens tem tesão na Xuxa?

Porque ela veste roupas de menininha de escola.

Por que os homens têm apenas uma camisinha na carteira?

Porque depois que a gente gozar, vai querer ir embora imediatamente. Logo, não vai precisar de mais uma.

Por que os homens adoram ver duas mulheres transando?

Porque de repente pode sobrar uma pra gente.

Por que os homens acham que mulher que gosta de trepar é puta?

Na verdade todas são putas. As que gostam de trepar apenas assumiram seu destino manifesto.

Por que os homens têm duas bolas e não uma?

Para poder dar a segunda com a patroa, em casa.

Por que os homens querem ir para a cama no primeiro encontro?

Questão de objetividade.

Por que os homens ficam putos quando a mulher não quer dar no primeiro encontro?

Porque detestam perder tempo.

Por que os homens vão embora logo depois de transar com a mulher no primeiro encontro?

Para dar tempo de contar para os amigos no bar.

Por que os homens acreditam quando a mulher finge que goza?

Na verdade, estamos nos lixando. Fingimos que acreditamos só para a mulher que não gozou sentir prazer em nos enganar.

Por que os homens brincam de dar toalhadas uns nas bundas dos outros?

Porque dói, ora porra!

Por que os homens têm nojo do próprio sêmen e ficam ofendidos quando a mulher não engole?

Não ficamos ofendido. É que não é bonito ver uma mulher tão educada cuspindo na nossa frente...

Por que os homens gostam de ouvir que o pau deles é o máximo?

E não é? Ainda mais para a mulher, que não tem um.

Por que os homens ficam aniquilados depois que gozam?

Pô, depois de manter esse pauzão levantado por tanto tempo, o cara só pode ficar cansado...

Por que os homens têm tesão na irmã caçula da própria mulher?

Porque, em geral, ela é a mulher dele quando era mais gostosa, mais novinha, mais ingênua e vestia roupa de colegial.

Por que os homens ficam cheio de dedos quando a mulher pede um tabefe na hora da transa?

Porque o que a gente gosta mesmo é de bater na mulher sem ela pedir.

Por que os homens gostam de olhar para outras mulheres na rua?

Para a mulher dele não ficar pensando que é a única gostosa do planeta.

Por que os homens gostam de observar a mulher chupando o pau deles?

Sei lá, deve ser porque as mulheres ficam tão caladas...

Por que os homens gostam de chamar a própria mulher de "minha putinha"?

Porque a mulher é nossa. Se fosse de outro, a gente dizia "putinha do fulano".

Por que os homens têm ciúmes dos amigos machos de sua mulher?

Porque sabemos, por experiência própria, que eles só estão interessados em comer a vadia. Todos nós somos assim. Esse negócio de amizade entre homem e mulher é só pretexto.

Por que os homens fazem campeonato de punheta?

Porque punheta é um negócio que dá pra competir: quem goza primeiro, que goza mais volume, quem goza mais longe. Já siririca não tem jeito, né?

Por que os homens negam que fizeram troca-troca na infância?

Porque não fizemos, ora. Só porque uma maluca pegou seu irmão dando a bunda para o vizinho agora acha que todo mundo é viado!

Por que os homens detestam beijar uma mulher quando ela está de batom?

Porque depois ficamos parecendo o palhaço Bozo.

Por que os homens acordam de pau duro?

Porque, em geral, sonham com as irmãs e amigas da mulher.

Por que os homens, quando tiram a camisinha, dão um nó?

Para ter certeza de que, se a mulher engravidar, vai parir um MacGyver.

Por que os homens se masturbam mesmo quando são casados?

Para não perder o hábito de trocar o óleo a cada dois dias.

Por que os homens estão sempre ajeitando os pintos nas calças?

Porque cada um tem a posição preferida, e, no decorrer do dia, ele vai se deslocando, exigindo um imediato reposicionamento.

Por que os homens nunca admitem que a mãe deles faz sexo?

Se nem Cristo admitia, imagine a gente...

Por que os homens gostam de mulheres de lábios carnudos?

Porque eles são o mais próximo que já se chegou de uma boceta horizontal.

***Dicas masculinas para mulheres:*￼**

1) Se você pensa que está gorda, é provável que você esteja mesmo gorda. Não nos pergunte. Se perguntar, responderemos a verdade. Não reclame depois.

2) Se você não se veste como as modelos de roupa íntima, não espere que nós nos comportemos como os galãs das novelas.

3) Se você quer algo, peça sem subterfúgios. Deixemos isto claro: as indiretas sutis não funcionam. As indiretas diretas não funcionam. As indiretas muito óbvias também não. Diga as coisas exatamente como elas são. Se você nos tratar como imbecis, nós as trataremos como débeis mentais.

4) Se você faz uma pergunta para a qual não quer resposta, não fique puta da vida ao ouvir o que você não quer. Pense antes de perguntar.

5) Às vezes nós não estamos pensando em você. Nada está acontecendo. Por favor, acostume-se a isto. A vida é assim. Quando ficamos quietos por algum tempo não nos pergunte no que estamos pensando, a menos que você esteja pronta para falar de temas como política, economia, futebol, informática, carros *off-road*, guerra no Oriente Médio ou outro assunto de que você não entende absolutamente porra nenhuma.

6) Domingo significa cerveja gelada, amigos dentro de casa e futebol na TV a cabo. É como a lua cheia ou a maré. Não pode ser evitado nem cancelado. É sagrado.

7) Nós, homens, nascemos com uma natural habilidade para fazer amor todos os dias, peidar sonoramente, jurar em

falso, consumir quantidades industriais de bebidas alcoólicas, mijar na tábua do vaso sanitário, jogar futebol e coçar o saco em público. Você sempre soube disso. Portanto, conforme-se.

8) Ir ao supermercado definitivamente não é divertido, e nunca vamos considerar dessa maneira. Vá sozinha!

9) Quando temos que ir a algum lugar juntos, absolutamente qualquer coisa que você vestir vai ficar bom. De verdade.

10) Você tem roupa suficiente. Você tem sapatos demais. Não fique chorando pelos cantos porque perdeu uma liquidação na Mesbla. Todo macho sabe que chorar, independentemente de qualquer circunstância, não passa de chantagem emocional. Evite usar esse expediente baixo.

11) A maioria dos homens tem três ou quatro pares de sapatos. O que faz você pensar que a gente serve para decidir qual dos 48 pares que você tem vai ficar melhor com aquele vestido?

12) Livre-se do maldito gato.

13) Um simples "sim" ou um simples "não" são respostas perfeitamente adequadas para 99,99% das perguntas. Não é preciso começar uma guerra por causa disso. Entenda isso de uma vez por todas.

14) Venha a nós com um problema somente se você quiser nossa ajuda para resolvê-lo. Não nos peça empatia como se nós fossemos uma de suas amiguinhas. Não somos.

15) Quer nos agradar fácil-fácil? Nos receba nua e com uma latinha de cerveja bem gelada. É tiro e queda. Nenhum homem resiste.

16) Não fique irritada quando estivermos olhando uma bela bunda que não seja a sua. Deixe-nos cobiçar. Além de ser genético, também é inofensivo. Olhar pidão não tira pedaço de ninguém.

17) Mulheres necessitam do homem pra procriar, mas não nos preocupamos com cromossomos X ou Y. Só nos preocupamos com que o pacote seja entregue.

18) Uma enxaqueca que dura 17 meses é um problema muito sério. Melhor você procurar um médico imediatamente. Do contrário, a gente vai acabar arranjando uma amante.

19) Se algo que a gente disse puder ser interpretado de várias formas e uma delas deixa você triste ou zangada, a nossa intenção era dizer a outra.

20) Peidar na cama e segurar sua cabeça debaixo do cobertor é muito divertido e deve ser interpretado como um esporte nacional masculino. Não fique zangada.

21) Sempre que possível, por favor, diga tudo que você tem que dizer durante os intervalos comerciais. Não venha com as suas conversas pra boi dormir justamente durante o Jornal Nacional.

22) Quando a gente estiver dirigindo, não dê palpites. Cristóvão Colombo não precisou de ninguém falando qual era o caminho para a Índia. Nem nós.

23) Quando tivermos coceira, vamos nos coçar. Não importa onde e nem na frente de quem. Finja que não percebeu e disfarce.

24) Não existe coisa mais nojenta e repugnante que calcinhas penduradas nas torneiras do banheiro. Já ouviu falar em uma coisa chamada varal ou secador? Use-o.

25) Já que você se incomoda tanto, pare de reclamar e aprenda a usar o assento do banheiro. Se estiver pra cima, ponha-o para baixo e vice-versa. É fácil pra você também.

26) Entenda de uma vez por todas: por razões fisiológicas masculinas é praticamente impossível acertar o vaso sanitário na primeira mijada do dia. É mais fácil você pegar um pano e limpar do que reclamar.

27) Aniversários: raramente lembramos. Não é falta de amor nem consideração. É coisa de homem mesmo. Marque as datas em um calendário que esteja bem à vista, de preferência preso na geladeira com o imã de uma floricultura.

28) A cerveja nos emociona tanto quanto as bolsas e sapatos emocionam vocês.

29) Qualquer coisa que dissemos há seis meses é inadmissível como argumento. Todos os comentários se tornam sem validade, efeito ou valor após sete dias.

30) Quando um homem pede conselho a outro homem, aquele que dá o conselho encara a consulta como um elogio. Conselhos por parte de uma mulher não são bem-vindos. Nunca.

31) Quando vemos uma ex-namorada gostosa, fantasiaremos sobre fazer sexo com ela novamente. Mas não se preocupe: a fantasia também inclui você.

32) Se perguntarmos se está acontecendo algo e a sua resposta for "nada", nossa reação será como se nada estivesse acontecendo e daremos o assunto como encerrado para sempre.

33) Em hipótese alguma corte ou pinte seu cabelo com cores exóticas. Cabelos longos sempre são mais atraentes que os curtos e todo homem sabe que mulher casada ou comprometida que muda de penteado é como homem casado comprando cueca nova, ou seja, traição em andamento.

34) Nunca nos pergunte: "Você me ama?" Dependendo do nosso estado de ânimo, você pode não gostar da resposta.

35) Gravidez não é desculpa para não trepar com a gente. Nos primeiros três meses pode-se tudo sem problema: ipsilone duplo invertido, candelabro italiano, frango assado, upa-upa cavalinho, canguru perneta etc. Do terceiro mês em diante a posição cachorrinho ou vaca atolada é

anatomicamente perfeita. E definitivamente, não. O pênis não cutuca nem incomoda o bebê.

36) Quando quiser que façamos sexo oral em você tenha certeza de que a higiene da sua xoxota está rigorosamente em dia. Nós, homens, odiamos aquela babinha fedendo a bacalhau seco ao molho de gorgonzola. Não tem viagra que dê jeito.

37) Se você aguenta depilação com cera quente, com certeza aguenta também uma enrabada. Não use a desculpa de que dói para não dar a bunda pra gente.

38) Definitivamente, não gostamos de trepar durante o seu período menstrual. Achamos repugnante. Por favor, não insista.

39) Todos nós, homens, somos completamente loucos por sexo oral. Nós adoramos que as mulheres chupem demoradamente a nossa pica. Todo dia, de preferência pela manhã, pois sempre acordamos com muito tesão. Inclua esse procedimento na sua rotina.

40) Um jogo de futebol dura 90 minutos. Use esse tempo para lavar roupas, ligar pra sua irmã ou pintar as unhas.

41) A gente vê vocês todo santo dia, de manhã e à noite. Por que então vocês nos ligam durante o trabalho?

42) Filmes com *serial killer* que matam garotas seminuas em acampamentos de férias são ótimos. Ponto final.

43) Meias não constituem presentes.

44) A gente sempre se lembra de jogar água nas plantas. Elas é que não colaboram e insistem em morrer.

45) Não, amor, eu não quero discutir a relação. Não, eu não sou indiferente. Não, eu não estou ficando irritado com essa conversa. Sim, eu quero ver o jogo.

46) Ronaldinho é aquele careca, Romário é o baixinho, Maradona é o gordo, Cristiano Ronaldo é o com pinta de fresco.

47) Sexo é sempre bem-vindo, em qualquer circunstância. Três horas de conversa antes do sexo, não.

48) A gente aperta a pasta de dente do lado que quiser.

49) Quando estiver passando jogo do Vasco, o controle remoto é nosso.

50) Pela última vez: não, a gente não pode ir à farmácia comprar Modess pra vocês. Peçam por telefone.

51) Não finja que gozou. Ser incompetente é mais fácil de digerir do que ser feito de bobo.

52) O direito de comparação é sagrado. Se vocês não nos deixam olhar para outras mulheres, como poderemos perceber o quanto vocês são lindas?

53) Você pode nos pedir para fazer uma coisa ou nos dizer como gostaria que ela fosse feita. Nunca as duas coisas ao mesmo tempo.

54) Mulheres vestindo blusinhas decotadas, ou ínfimos sutiãs de biquíni, perdem o direito de reclamar que nós não tiramos os olhos dos seus seios.

55) Não nos pergunte "Você me ama?" na hora em que a gente começou a transar. Tenha certeza de que se eu não te amasse não estaria com você.

56) Nada diz melhor "Eu te amo" do que sexo.

57) Hálito de cerveja excita (de uísque, vodca, vinho ou caipirinha também, e ainda mostra uma certa finesse). De alho ou cebola, nunca!

58) Na cama você pode fazer o que quiser, menos transar com máscara de creme de abacate no rosto.

59) Escovar os dentes é obrigação, mas se você usar Crest, Listerine ou um enxaguatório bucal depois do sexo oral, vai levar porrada.

60) E por fim a melhor de todas: não esfregue a lâmpada se você não está com vontade de ver o gênio.

Coisas que todo macho precisa saber:

Por que Deus deu um pinto aos homens?
Assim eles teriam como fazer as mulheres calarem a boca.
O que são aquelas saliências ao redor dos mamilos das mulheres?
É braile e significa "chupe aqui".
O que aconteceu com o cara que finalmente entendeu as mulheres?
Morreu de rir antes de conseguir contar para alguém.
Qual a diferença entre uma mulher com TPM e um pitbull?
A mulher usa batom.
Como fazer para a sua esposa gritar por uma hora depois do sexo?
É só limpar o pau na cortina.
Por que as mulheres fecham os olhos durante o sexo?
Porque elas não suportam ver um homem se divertindo.
O que tem cerca de 20 cm de comprimento, mais ou menos 5 cm de largura e deixa as mulheres malucas?
Dinheiro.
Por que furacões recebem nomes de mulheres?
Porque quando eles chegam são selvagens e molhados, e quando se vão levam sua casa, sua lancha, seu carro e suas economias junto com eles.
Qual é a melhor parte do sexo oral?
Os dez minutos de silêncio.
Por que as mulheres esfregam os olhos quando acordam?
Porque elas não tem um saco para coçar.
O que uma mulher de 75 anos tem entre os seios que uma de 25 não tem?
O umbigo.

Por que os homens morrem antes de suas esposas?
Porque eles querem.
Por que as mulheres têm seios?
Assim os homens falam com elas.
O que a vagina e o vaso sanitário têm em comum?
Ambos são confortáveis e você sempre se pergunta quem esteve ali antes.
Por que Deus fez o homem primeiro?
Porque ele não queria uma mulher dando palpites.
Por que a mulher cruzou a rua? Quem se importa? Aliás, o que ela estava fazendo fora da cozinha?
Por que não se pode confiar nas mulheres?
Como alguém pode confiar em algo que sangra por cinco dias e não morre?

Entendendo a quilometragem feminina

É comum as pessoas dizerem "fulana tá muito rodada". Mas vocês sabem de onde vem o termo? Como é feito o cálculo? Então vamos explicar esse assunto em detalhes. Os cientistas e sexologistas do mundo inteiro determinaram que uma trepada dura aproximadamente sete minutos. O cálculo médio de uma trepada é de 60 penetrações por minuto, o que indica que o ato completo consiste em 420 penetrações. Supondo que o cacete tem, em média, 15 centímetros, isso significa que a mulher recebe, em média, 6.300 centímetros de chibata, ou seja, 63 metros de pica em cada relação. Geralmente, as mulheres trepam três vezes por semana, e, como o ano tem 52 semanas, então fodem 156 vezes por ano. Isso quer dizer que a mulher recebe 9.828 metros de vara por ano, ou o equivalente a quase 10 km de pica por ano. A 10 km por ano, uma garota de 25 anos, que teve a sua vida sexual iniciada, em média, aos 17 anos, já rodou (25 - 17 = 8 x 10) = 80 km!!! Portanto, agora, podemos apresentar a mulherada da seguinte maneira: "José Alberto, esta é a Maria Amélia. Ela tem 25 anos, mas tá novinha! Só rodou uns 55 km! Tá inteira, muito bem conservada, com todas as peças originais. É como se fosse ano 73, modelo 75!" Sugiro que você decore e repasse essas informações às suas amigas (e amigos), que certamente não resistirão a argumentação tão singela, caso não tenham alcançado a quilometragem padrão ou que já tenham alcançado a revisão dos primeiros 5 mil km.

Diferença entre mulheres a partir da idade cronológica

08 anos – Você leva pra cama e conta uma historinha.
18 anos – Você conta uma historinha e leva pra cama.
28 anos – Você não precisa contar nenhuma historinha pra levar pra cama.
38 anos – Ela conta uma historinha e te leva pra cama.
48 anos – Você conta uma historinha pra sair da cama.
58 anos – Você conta uma historinha pra não ir pra cama.
68 anos – Você não quer mais saber de cama nem de historinha.
78 anos – Historinha? Cama? Que merda é essa?...

Por que os cachorros são melhores do que as mulheres?

Os cachorros não choram.
Os cachorros adoram quando você traz seus amigos pra casa.
Os cachorros não se importam se você usar o xampu deles.
Os cachorros acham que você canta bem.

Quanto mais tarde você chega, mais excitados estão os cachorros pra te ver.

Os cachorros não vão se importar se você chamá-los pelo nome de outro cachorro.

Os cachorros o perdoarão se você brincar com outros cachorros.

Os cachorros não compram nada.

Os cachorros adoram quando você deixa um monte de coisas espalhadas.

A disposição dos cachorros permanece a mesma durante todo o mês.

Os cachorros nunca param pra discutir o relacionamento.

Os parentes do cachorro nunca o visitam.

Quando um cachorro envelhece e começa a incomodar, você pode chutá-lo pra bem longe.

Os cachorros não odeiam seus corpos.

Os cachorros nunca gritam.

Os cachorros concordam que você deve gritar pra impor seu ponto de vista.

É legal você manter um cachorro dentro de casa.

Os cachorros não querem saber sobre os outros cachorros que você já teve.

Os cachorros não deixam os artigos de revistas guiarem suas vidas.

Você nunca tem que esperar pelo cachorro. Ele está sempre pronto pra sair durante 24h.

Os cachorros acham divertido quando você está puto.

Os cachorros não falam ao telefone.

Os cachorros não reclamam que seu dono está meio fora de forma.

Cachorros, apesar do faro apurado, não ficam perguntando: "Que cheiro é esse?"

Os cachorros não reclamam quando você dirige em alta velocidade.
Os cachorros não se metem a discutir futebol na frente dos seus amigos.
Os cachorros não podem falar.
Os cachorros são fiéis ao seu dono.

Em que sentido os cachorros são semelhantes às mulheres?

Ambos podem comer 500g de chocolate de uma vez.
Ambos não entendem de futebol.
Ambos são bons na pretensão de estar entendendo cada palavra do que a gente diz.
Ambos não acreditam que um pouco de silêncio é bom.
Ambos gostam de cheirar a nossa roupa quando a gente chega em casa.

Por que na cama as mulheres são melhores que os cachorros?

Porque ainda é mais socialmente aceitável manter relações sexuais com uma mulher do que com um cachorro.

Frases que toda mulher deveria dizer cotidianamente para manter seu cachorrão preso em casa

1) Ah, eu queria experimentar posições diferentes. Que tal a gente começar pela "Reinações de Narizinho no Marquês de Rabicó"?
2) Amor, eu não preciso de presentes. Uma boa noite de sexo já é mais do que suficiente!

3) Hum, acho que eu vou ao supermercado. Só agora reparei que não tem mais cerveja na geladeira!

4) O que você acha de pular as preliminares e dar uma rapidinha?

5) Eu sei que a coisa mais importante é a aparência. Por isso vou me manter sempre bem gostosa pra você!

6) Eu posso deixar o cabeleireiro pra semana que vem. Vamos tirar esse dia lindo pra fazer um piquenique erótico!

7) Ai, bem, você está muito estressado. Posso fazer um boquete pra você relaxar?

8) Fique bebendo no bar com os seus amigos enquanto eu preparo um jantar bem gostoso pra nós dois!

9) Tira dessa novela chata! Tá passando um jogão de futebol no outro canal!

10) Vamos nos divertir bastante hoje porque amanhã eu vou ficar menstruada!

11) Vem com tudo, garanhão! Você sabe que eu adoro!

12) Não vou falar nada! Vou esperar que você me diga o que fazer...

13) Estou com um pouco de dor de cabeça, mas você sabe que, pra mim, o melhor remédio é uma boa trepada!

14) Ah, eu acho que a gente deveria conversar menos e fazer mais sexo!

15) Pode deixar a tampa da privada levantada que eu não ligo!

16) Você tem certeza de que não quer comer minha bundinha antes de dormir?

17) Ai, bem, deixa eu engolir. Só hoje, vai?

18) Acho que eu vou chamar a minha melhor amiga pra gente fazer um *ménage a trois*!

19) Por que você não esquece essa história de Dia dos Namorados e compra alguma coisa pra você?

20) Não quero que a minha mãe passe o domingo aqui! Ela tira toda a nossa liberdade.

21) Já que hoje você não foi beber com os amigos, vamos aproveitar a noite pra fazer sexo selvagem!

22) Shopping, de novo? Por que a gente não fica em casa tomando cerveja e fazendo sexo?

23) Pode deixar a toalha molhada em cima da cama, pendurada na cadeira, na porta, embaixo da cama. Deixe aonde você quiser!

24) Eu sei que é muito apertado lá atrás, benzinho, mas tenta só mais uma vez, vai! Por mim!

25) Você não brochou não, meu filho. É só eu fazer uma chupetinha que ele levanta de novo, quer ver?

Finalmente, se nada do que foi dito até agora tiver servido para fazer recrudescer dentro de você a quintessência peluda de um verdadeiro espada-matador, eis as razões definitivas porque é bom ser homem:

Seus telefonemas não duram mais do que cinco minutos.

Em 99% dos casos, a nudez no cinema é feminina.

Um feriado prolongado requer apenas uma mochila e um par de tênis.

Você assiste a uma partida de futebol sem perguntar por que uns podem pegar com a mão e outros não.

Você não se sente compelido a monitorar a vida sexual dos seus amigos.

Você pode abrir qualquer pote de qualquer coisa sem precisar de ajuda.

Você pode escolher quem vai tirar para dançar.

Seus velhos amigos não reparam se você engordou.

Seu corte de cabelo no barbeiro é mais rápido, prático e econômico, principalmente quando você ficar careca.

Ao mudar o canal da TV, você não precisa parar em todas as cenas em que alguém estiver chorando.

Sua bunda nunca é um fator determinante numa entrevista para emprego.

Seus orgasmos são reais.

Você não precisa pintar as unhas nem perder tardes inteiras com a manicure, a não ser que você tenha algum caso com ela.

Você não tem de carregar uma bolsa cheia de coisas inúteis.

Você sabe por que os *strip-teases* são divertidos.

Sempre há alguém batendo uma bolinha em algum lugar.

Você mantém o seu nome quando se casa.

Você não se sente compelido a arrumar a cama do motel depois que vocês transaram.

Quando seu trabalho é criticado, você não entra em pânico achando que todos à sua volta, secretamente, te odeiam.

Seus amigos de verdade respeitam a sua namorada.

O uso da coação física sempre é uma saída honrosa.

Ninguém secretamente adora quando você tropeça e cai no chão.

Você nunca tem de limpar o banheiro.

Você consegue tomar banho e ficar pronto em menos de dez minutos.

Sexo ruim nunca vai atrapalhar a sua reputação porque as mulheres não costumam comentar essas coisas entre si, com medo da concorrência.

Avistar uma barata, uma aranha ou qualquer outro inseto não o faz entrar em pânico.

Se alguma pessoa esquece de te convidar para alguma coisa, ela continua sendo sua amiga.

Cuecas são mais baratas que calcinhas e sutiãs, isso quando são usadas.

Falta de papel higiênico só é problema quando você vai cagar, mesmo assim a própria cueca ainda pode quebrar um galho.

Nenhum dos seus colegas de trabalho tem o poder de te fazer chorar.

Você não tem de raspar nada abaixo do pescoço.

Se você tem 45 anos e continua solteiro, ninguém diz que você vai morrer no caritó.

Todas as partes do seu rosto ficam na sua cor natural a maior parte do tempo.

Chocolate é apenas mais um doce.

Você pode ser presidente.

Você pode ser ministro sem virar manchete de adultério.

Você consegue ficar mais de meia hora em silêncio.

Você sabe dirigir.

Você sabe que flores e chocolates consertam tudo.

Você pode pensar em sexo 90% do seu tempo sem que os outros o achem meio tarado.

Você pode usar sunga branca na praia.

Pra você, dois pares de tênis são mais do que suficiente.

Você não fica menstruado.

Você pode dizer o que pensa sem se preocupar com o que os outros vão pensar de você.

Brad Pitt nunca fez parte dos seus pensamentos eróticos.

Você não precisa baixar a tampa do vaso sanitário para mijar.

Ninguém para de contar uma piada suja se você entra na sala.

Você pode tirar a camisa no meio da rua num dia quente.

Ninguém te censura se o seu apartamento vive bagunçado.

Mecânicos te dizem a verdade.

Você não tem um ataque se ninguém notar o seu novo corte de cabelo.

Você entende uma partida de tênis e consegue fazer comentários inteligentes sobre ela.

Você nunca tem de dirigir até outro posto de gasolina se aquele está muito sujo.

A ação da gravidade sobre os seus peitos não é importante.

Você pode sentar com os joelhos afastados independentemente da roupa que estiver vestindo.

Pelo mesmo trabalho você ganha o mesmo salário.

Cabelos grisalhos te deixam mais charmoso.

Alugar um smoking é muito mais barato que comprar o vestido de noiva.

Você não se importa se alguém estiver falando de você pelas costas.

Segundo as estatísticas, há muito mais mulheres no mundo do que homens.

Ninguém acha um absurdo você não saber cozinhar.

Se você retém líquido é porque usa um cantil.

Você pode ser pai mesmo com a idade de ser avô.

As pessoas nunca prestam atenção na sua conversa para ver se você está falando delas.

Você não precisa perder a oportunidade de dar uma trepada porque está menstruado.

Você pode visitar um velho amigo sem ter obrigatoriamente de comprar um presente.

Se você encontra algum outro homem com a mesma roupa numa festa, vocês podem fazer piadas a respeito e tornarem-se grandes amigos.

Você tem um relacionamento normal e saudável com a sua mãe.

Você pode comprar camisinhas sem que o balconista da farmácia fique te imaginando pelado.

Você não precisa ir ao banheiro a cada 15 minutos para retocar a maquiagem.

Você consegue ir ao banheiro sozinho.

Algum dia você será um velho tarado e ela, uma velha fofoqueira.

A maioria esmagadora das empregadas domésticas é composta de mulheres e, quase sempre, elas são jovens carentes e bem apetitosas.

A maioria esmagadora dos empregados domésticos é composta de gays e, quase sempre, eles são velhos e feios de dar dó.

Você não precisa sentir dor para ser pai.

Você não sente dor nem sangra quando perde a virgindade, a não ser que sua primeira vez seja com um liquidificador.

Ninguém espera que você seja virgem quando casar.

Seus amigos nunca vão te brindar com aquela pergunta chata: "Vocês está notando algo de novo?"

Os filmes pornôs são feitos quase que exclusivamente para você.

Você pode coçar o saco.

Um arroto seguido de um "desculpe!", se vindo de você não é tão grave.

Você é muito menos sacaneado quando faz merdas no trânsito.

Não gostar de uma pessoa não exclui uma ida ocasional ao motel com ela.

Nem rugas nem pés de galinha tiram o seu sono.

Ser feio não é tão problemático, pois algumas mulheres não se importam com isso.

Se uma mulher gostosa faz sucesso, é quase certo encontrá-la nas páginas da *Playboy*, daqui a alguns meses.

Você tem total controle sobre as suas glândulas lacrimais.

Você pode ir ao estádio de futebol e desfilar na arquibancada usando um short de lycra sem temer pela sua integridade física.

Quando você vai à feira usando sunga não é importunado pelos feirantes.

Mesmo que as contas sejam divididas meio a meio, você ainda é o chefe da família.

Quando você engorda, torna-se um gordinho simpático.

Quando uma mulher engorda, ela se torna uma mulher gorda.

Seu armário do banheiro tem sempre mais espaço, pois o único creme que você precisa usar é o de barbear.

As suas cuecas são lavadas na intimidade da área de serviço, e não expostas no box do banheiro.

Suas noites são mais tranquilas, pois as mulheres raramente roncam.

Quando você chega do trabalho pode sentar e relaxar.

Quando a mulher chega do trabalho ela tem de fazer o jantar, botar as crianças para dormir, arrumar a casa e abrir as pernas.

Se você tem muitas mulheres é um garanhão.

Se uma mulher tem muitos homens é uma vagabunda.

Você pode comer uma banana em frente a uma construção civil.

Você pode mijar na beira de uma estrada sem provocar engarrafamento no trânsito.

Você tem pelo menos 364 dias por ano em sua homenagem.

O mundo é seu.

Capítulo 12

Casamento: você ainda vai ter um

Um belo dia você é apresentado a uma mocinha recatada em uma festa muito doida. Você percebe que ela não é qualquer uma porque, quando cruza as pernas, faz questão absoluta de não mostrar a calcinha. Seus sensores internos disparam, a adrenalina também, você liga o piloto automático e busca uma aproximação meio suicida. Pronto, você acabou de entrar pro rol dos camicazes que se apaixonam à primeira vista.

Puta que pariu, você era capaz de jurar que essas coisas só aconteciam com adolescentes, sujeitos imaturos ou nos filmes de Hollywood, lá pela época do cinema mudo. Pois é, bicho, mas deu-se com você aos 30 anos do segundo tempo, situação financeira definida, apartamento próprio nos trinques, carro do ano, voto de celibatário militante e fama de emérito abatedor de lebres.

Os primeiros sintomas de que você está fodido são detectados pelos amigos de bar. Você se torna meditativo, sorumbático e esquisitão, como se estivesse guardando um dos três segredos da Virgem de Fátima. Não gosta mais de farras. Quando, eventualmente, senta na mesa do boteco com os amigos, fica se levantando de 15 em 15 minutos para ir telefonar. Depois, quando volta, traz nos olhos o brilho opaco de um condenado à morte encarando o pelotão de fuzilamento.

E as esquisitices não param por aí. Você agora só vive consultando revistas médicas e falando em taxa de colesterol, glicídios, lipídios e outras blasfêmias. Compra roupas transadas. Corre 10 quilômetros por dia. Faz 2 mil flexões abdominais por semana. Corta o cabelo num estilo moderno. Usa perfume francês, chupa pastilhas de menta e ajeita as unhas na manicure. Os companheiros de copo começam a suspeitar que você está querendo dar o cu. Antes fosse. Um belo dia, depois de um porre monumental, você abre o jogo: está apaixonado e pensando seriamente em se casar. A cachorrada da mesa mal consegue disfarçar o horror.

Mas quem é essa megera, capaz de operar uma transformação desse calibre? Pô, nem você sabe responder. O máximo que conseguiu foi descolar o primeiro nome da vaca e a rua onde ela mora. Uma coisa é certa: sua filosofia de vida mudou da água pro vinagre. Aliás, a sua única preocupação agora é rebater as críticas dos amigos com aqueles chavões de mau gosto tipo "o amor é cego", "quem vê cara não vê coração!" ou "por que vocês todos não vão tomar no cu e me deixam em paz, seu bando de escrotos?".

Você passa dois meses para ter acesso ao telefone da menina depois de ter ligado para todas as casas da rua onde ela mora e ter ouvido um indefectível "ô, filho da puta, por que você não vai discar errado pra puta que pariu?". E leva mais de um mês pra ela, e não o irmão, atender o telefone, porque ele sempre bate o telefone na cara ao reconhecer a sua voz.

Conseguir que ela saia de casa pra tomar uma mísera fanta uva na lanchonete da esquina, sem nenhum compromisso posterior, vai consumir uma fortuna incalculável em ramalhetes de dálias, orquídeas e crisântemos, entregues religiosamente na casa da vaca, na hora do Jornal Nacional, durante duas semanas consecutivas. Mas seu calvário está apenas começando.

Depois de muitas idas e vindas e já quase desistindo da caçada, você a convence, finalmente, a ir à matinê assistir a um filme romântico tipo *Dio come ti amo*. Ela topa. Mas leva junto duas primas, uns verdadeiros bagulhos, que irão se postar, estrategicamente, entre vocês dois para evitar qualquer intimidade maior. Pegar nas mãos dela, por exemplo. Você tem uma puta crise de nervos, fica completamente maluco e decide comer aquela menina de qualquer maneira. Nem que seja preciso casar. Maluquice é foda.

Dois meses de matinês mais tarde, ela concorda em dar um beijinho na boca. Mas tem que ser rápido e só durante os reclames, que é como ela ainda chama os trailers. Se beijo de língua já é difícil, imagine pegar nos peitinhos por cima da blusa ou alisar aquelas coxas monumentais. Nem pensar. Isso aí só vai acontecer, com muita sorte, depois que você for apresentado aos seus pais e começarem a namorar de porta. Por enquanto, vocês só estão flertando, que é como ela ainda chama os amassos.

Faz quase um ano que você conheceu a menina naquela festa fatídica. Sua conquista territorial é mínima: uma única encostada de pau duro, abraçando-a por trás, sem dar muita bandeira. E assim mesmo porque foi durante um concerto de rock onde ninguém dá a menor importância para essas coisas.

Tentando avançar mais uma casa, você resolve conhecer os sogros e pedir pra namorar de porta. É uma estratégia de alto risco, uma roleta-russa com todas as balas no tambor. E, como todo autêntico gaúcho de Bagé, seu futuro sogro é de poucas palavras: "Se embarrigar a guria, ou eu te caso ou eu te capo, tchê!"

Um dos cinco cunhados, provavelmente o mais velho, te olha de cima pra baixo como se já estivesse tirando as medidas do caixão. Seria ele que batia o telefone na sua cara? É impossível saber, todos os membros machos da casa têm a maior pinta de homicida profissional.

A sogrona, pela baba raivosa que escorre do canto da boca, deve ter certeza absoluta de estar diante do maior pulha do universo. A única cunhadinha quer ver a sua carteira de identidade para insinuar que um cara solteiro, naquela idade, deve estar mentindo: se não for casado, deve ser fresco. Só quem fica do seu lado é o cunhado mais novo. É ele que vai arrebentar seu Santana Quantum num poste e colocar a culpa nos freios.

Seu namoro agora é controlado pelo revezamento entre os cunhados e o sogro troglodita. Vocês dois ficam sentados, a sós, num sofá de napa, assistindo televisão de mãos dadas, e sempre que sua coxa esbarra sem querer na da menina, um deles entra na sala procurando alguma coisa pelo chão. Tudo leva a crer que seja o cabaço dela. Sua conquista territorial continua na estaca zero. Em compensação, você ficou viciado em telenovela mexicana e não perde mais Jô Onze e Meia.

Com seis meses de namoro firme, você recebe autorização do neanderthal para namorar durante meia hora, embaixo de uma mangueira, em frente da casa. Mas, calma, é somente uma vez por semana. Coincidência ou não, é o único dia em que sua namorada aparece sem sutiã por baixo da miniblusa e de short cavado ou microssaia de napa, numa estratégia que pode levá-lo ao infarto ou ao casamento. Você decide.

Depois de sete meses namorando de porta, ela topa dar uma pegadinha no seu pinto, por cima da calça, se não tiver ninguém olhando. Mas, antes, você precisa comprar as alianças. Você compra. O noivado é uma festinha íntima, exclusiva para os convidados dela, porque se algum amigo da velha guarda descobrir essa puta traição você está fodido e nunca mais vai ser aceito na mesa do bar.

O noivado é a melhor fase da vida de um macho: ele tem todos os direitos de um casado sem nenhuma das obrigações contratuais. Vocês aproveitam para sair juntos, passear pelas pracinhas de mãos dadas, namorar dentro do carro ouvindo os gemidos insinuantes da Jane Birkin, ficar nas ruas até altas horas da noite, no maior amasso, em suma, o seu noivado é uma verdadeira farra homérica.

Não custa muito, vocês resolvem experimentar um motelzinho, somente para assistir filme pornô. Na primeira vez é meio complicado e ela não tira a calcinha nem que o mundo acabe. Compreensivo, você se limita a chupar os peitinhos e depois tocar uma punheta no banheiro, com a porta trancada, para não ouvir o choro da sacana chamando você de tarado.

Lá pela quinta vez, depois que ela toma umas biritas pra perder o medo de segurar no "cheio de varizes", chega a fase do só-vou-colocar-a-cabecinha. Ela deixa, imaginando que ele tem ombros ou que você vai cumprir a palavra empenhada. Mulher quando quer casar sempre banca a ingênua. Experiente, você dá um banho de língua na vadia e começa o serviço. Mas nem dá pra trepar direito porque ela fica o tempo todo mordendo um travesseiro, reclamando que está doendo e ameaçando começar a gritar.

Três meses depois, você já conhece o corpo de sua noiva como o Antônio Houaiss conhece o nosso idioma e é capaz de ter experimentado todos os orifícios disponíveis. Todos, não. O lorto, por exemplo, ela só vai dar com papel passado em cartório e uma aliança de diamantes no dedo anelar da mão esquerda. Mas isso não vem ao caso. O importante é que agora você tem uma Disneylândia particular e não precisa pagar ingresso pra se divertir.

Numa tarde em que você está arrumando os papéis da gaveta, preparando-se pra sair do escritório, o telefone toca. Do outro lado, fingindo nervosismo, a vagabunda dá o bote final: "Benhê, este mês a menstruação não desceu." Você sente falta de ar, procura o canto neutro do ringue, mas é inútil. *The dream is over*. Seu sogro já tomou o telefone da vaca e está lhe comunicando o dia da cerimônia. Não custa nada perguntar se ele também vai bancar a recepção.

Como todo macho que se preza, você resolve encarar mais essa. Claro, de repente o casamento pode ser uma experiência traumatizante. Mas não deve ser assim mais terrível que enfrentar a turma da Miguel Lemos num sábado de carnaval. Como você já passou por isso e escapou com vida, o que vier é lucro. Daí você casa. Sem avisar os amigos.

Casar é a segunda pior coisa que pode acontecer na vida de um macho. A primeira é ele começar a brochar. Se casamento fosse estrada, o macho de responsa só andava no acostamento. Claro, há as pequenas compensações que podem tornar mais agradável o seu inferno zodiacal. Por exemplo, nas noites de sábado em que você sair pra paquerar e não descolar ninguém, resta pelo menos a certeza de que quando chegar em casa vai encontrar uma xoxotinha te esperando. Mas não esqueça que mulher é como música: só faz sucesso quando é nova.

O convívio com sua cara-metade começa a modificar seus hábitos comportamentais. Agora você sempre reza antes das refeições porque sua mulher se revela uma péssima cozinheira. Também não dá mais pra tomar uma cervejinha assistindo os gols da rodada porque ela ficou dona do controle remoto e não perde um show de calouros do Sílvio Santos.

Você descobriu, tarde demais, que as mulheres usam os homens como um bêbado usa o poste – não para se iluminar, mas para se apoiar. Ela abusa da sua boa vontade, baseada no fato de que mulher gestante não pode ser contrariada. Você já sabe a diferença entre um terrorista e uma mulher gestante: com o terrorista ainda se pode negociar.

Sua vida de casado passa a ter mais surrealismo que qualquer filme do Luis Buñuel. A mulher vive reclamando de enjoo e pedindo pra comer mangaba do sertão, doce de siriguela, pajurá do racha e outras porcarias que você nem imaginava existir. Nem você nem os feirantes da cidade.

E o pior é que ela meteu na cabeça que, se não comer essas merdas, seu filho nasce aleijado. Você tem de cagar sangue pra satisfazer a vadia. Tem de ser caboclo macho, um verdadeiro suburucu com três colhões roxos e uma paciência de Jó.

Um dia, depois de ter morrido na mão dos agiotas para comprar uma passagem pro Recife, ter voado pela Transbrasil e perdido o fim de semana vagando feito um zumbi na feira de Caruaru, você finalmente consegue localizar o maldito doce de leite com abóbora e manjericão com que ela vinha sonhando nos últimos dois meses.

Você volta pra casa com a sensação justa de ser um argonauta moderno, serve o caralho do doce numa baixela de prata, a disgramada prova, cospe pro lado, faz cara de nojo e resmunga: "Não era desse que eu queria não, benhê". Você só não lhe aplica uma surra porque ela está no quarto mês de gravidez. Mas a sacana pode tirar o cabelinho da venta que pra essas porras de desejo você não vai ligar mais.

Nasce o seu primeiro filho. De cesariana, que você não é besta de estragar seu brinquedinho. Você vai comemorar com os amigos do bar, relembrar histórias, contar causos, atualizar os fuxicos. E pra provar que ainda é o mesmo sujeito de dois anos atrás, acaba acompanhando os caras na putaria e amanhecendo o dia num inferninho qualquer. Sua mulher só não lhe corta o saco porque ainda está de resguardo.

As amigas da sua mulher começam a frequentar sua casa fingindo que querem conhecer o seu filho. Na realidade, as sacanas estão mesmo doidas é pra dar pra você. Ainda mais se uma delas levar uns rascunhos de poesia e pedir pra você dar uma olhadinha. Como poesia é coisa de viado, ela só pode estar testando você. Agora, experimente não comer. No mínimo ela vai espalhar pela cidade que você tem o pau pequeno ou contar pra sua mulher que viu você cantando a empregada. Amiga de qualquer mulher, quando resolve dar, nem o cão segura. Fique atento.

As brigas começam quando o seu moleque completa um ano. O fato de você ter esquecido do presente de aniversário é o de menos. A merda é ter de explicar a mancha de batom na cueca ou aquela caixa de preservativos no porta-luvas do carro. Ela ameaça sair de casa e levar o Júnior. Você pede uma nova chance. Ela dá. O amor é cego.

Depois de passar uma semana matutando e fazendo cortes no orçamento, você resolve pôr em prática um ousado plano emergencial pra segurar a mulher em casa, definitivamente: engravida ela pela segunda vez. Só que agora você não é mais marinheiro de primeira viagem e a nova gravidez transcorre num verdadeiro mar de rosas.

Ela não enjoa, não pede massagens nos pés nem outras bobagens, não dá broncas quando você chega tarde, não reclama e não enche o saco, puxando conversa fiada quando você está a fim de ler. Mas deixe pra tirar o três-oitão da cintura somente depois que ela parir.

Nova cesariana. A sua filha é uma princesinha linda e você quer logo batizar de Grace Kelly, Caroline ou Stéphanie de Mônaco. Ela insiste em botar o nome da sua sogra. Você reluta. Maria das Dores não é nome de princesa nem aqui nem na puta que pariu. Mas acaba concordando, já sabendo que terá um álibi perfeito para futuras discussões.

A jararaca da sua sogra, a pretexto de paparicar a neta, concede um armistício temporário e, junto com o resto da curriola, começa a frequentar sua casa todo final de semana, chova ou faça sol. Todos parecem ter um motivo justo: os cunhados vão pra saber se você anda batendo na irmã deles; a cunhada, porque tá a fim de dar pra você; o sogro, porque quer pedir dinheiro emprestado; e a sogra, porque não vai perder uma oportunidade de estragar o seu dia.

Não caia na asneira de se mostrar alegre com a visita. Os dois lados da contenda sabem que o ódio é recíproco e qualquer manifestação de júbilo ou contentamento vindo de sua parte só pode ter uma explicação lógica: além de ser um canalha muito do fingido, você deve estar tentando esconder alguma coisa. Que pegou uma doença venérea, por exemplo.

A cunhadinha adora visitá-lo com roupas bem provocantes: aqueles shorts minúsculos que deixam a papada da bunda aparecendo e mostram o relevo da boceta, combinado com aquelas camisetas cavadas que deixam os seios escapulindo por baixo do braço. E que seios!

Ela é a primeira a ficar bêbada e a primeira a sentar no seu colo a título de cochichar um segredo pro cunhadinho querido. Na verdade, ela só está esperando você ficar de pau duro pra ir correndo contar pra irmã. Cunhada quando está a fim de foder, fode mesmo. Nem que seja a paciência.

O sogro, com cara de choro, chama-o num canto, longe dos olhares da galera, desfia um rosário de mágoas, reclama da vida, da grana apertada, da defesa do Grêmio, da incompetência do governo, do salário dos aposentados etc, e acaba convencendo-o a abrir mão das merrecas que você economizou, com tanto sacrifício, nos últimos anos.

Explicar pro Júnior que aquela excursão pela Disneylândia já foi pras picas vai ser um novo parto. Melhor deixar o pediatra de sobreaviso. Enquanto preenche o cheque e pede pro sogrão parar com aquilo e enxugar as lágrimas, você pensa nos mistérios insondáveis da existência humana. E só não decide tomar querosene com formicida porque, pelo menos, o filho da puta do seu sogro sabe ser discreto.

Os cunhados, depois que ficam bêbados, começam a reclamar que a cerveja está quente, o churrasco malpassado, a televisão fora de sintonia e que na sua casa só tem discos de merda. Isso, depois de terem bebido sua coleção particular de uísques importados, devorado a macarronada e a torta de chocolate que estava na geladeira, arrebentado o botão de sintonia da televisão e danificado a agulha do aparelho de som. Segurando a sua barra, como sempre, apenas o cunhado mais novo. É ele que vai vomitar no seu tapete persa e colocar a culpa na picanha fatiada.

Convencido de que sogra boa é que nem cerveja (só presta quando está bem gelada e em cima da mesa), você começa a encher a moringa e bancar o inconveniente: dá um amasso legal na cunhadinha, quando ela estiver capotada no quarto das crianças. Pergunta aos cunhados se é verdade que em Bagé os cabras são machos até quando estão embaixo de outro. Indaga se o sogro ainda comparece no curral da jararaca e dá aquela semanal de lei ou se já pendurou as chuteiras etc.

Não satisfeito, se dana a ensinar o Júnior a falar palavrões tipo "filho da puta é banana baié, tua mãe é puta e a minha não é, minha mãe está em casa e a tua no cabaré, levando pica de quatro pé" ou "filho da puta é rapadura, tua mãe de perna aberta e o meu pai de pica dura".

Quando sua mulher tiver uma crise de choro e pedir desculpas à família por você estar completamente bêbado e depravado, os putos vão se mancar e tirar o time de campo. Aí, pra terminar de foder o seu domingo, basta a vagabunda estar menstruada.

Cinco anos de casamento. Se com três meses você já conhecia o corpo da sua noiva como o Houaiss conhece gramática, cinco anos depois a sua Disneylândia particular não passa de um parque de diversões da periferia: interessante, divertido, arrumadinho, mas com os mesmos brinquedos.

Os amigos da roda de bar não param de falar que bigamia é quando o homem tem duas mulheres, poligamia é quando o homem tem mais de duas mulheres e monotonia é quando o homem tem apenas uma mulher. Você acaba se convencendo e começa a nutrir um ódio homicida por sua esposa.

Você agora só trepa pra cumprir tabela. Não tem mais beijos na boca, cheiros no cangote nem carícias preliminares. Só se você for tarado. A transa é na base do vapt-vupt, de luz apagada, uma vez por semana e olhe lá.

Sua mulher começa a ver filmes pornôs, ler manuais de sexologia e consultar videntes, tentando descobrir novos tipos de foda que façam voltar seu entusiasmo inicial. A obstinação dela é premiada. Um belo dia, ela inventa uma sacanagem completamente diferente: engravida de novo.

Antes do parto do caçula, você dá o xeque-mate: ou ela liga as trompas ou você vai embora. Ela liga. Você tem outro álibi perfeito para uma futura discussão quando argumentar que vai sair de casa porque sempre quis ter uma família numerosa e ela não pode lhe dar novos filhos. Essa é uma tática meio suicida, porque se bobear ela também vai exigir que você faça vasectomia. Tem muito cara que topa e passa o resto da vida arrependido.

Dez anos de casado. Você só ainda não ganhou uma medalha de honra ao mérito por bom comportamento porque continua comendo as amiguinhas da sua mulher em troca de prefaciar livros de poesia que jamais serão publicados. Ou participando de farras homéricas com seus antigos companheiros de copo, quase todos recém-descasados, e com as antigas colegas de faculdade, quase todas na mesma situação.

Sua vida sexual doméstica chegou ao fundo do poço. O parque de diversões foi pras cucuias. Está reduzido a uma única roda-gigante que você visita uma vez por mês.

Você descobre que o casamento acabou no dia em que começa a reparar que a bunda da sua mulher está cheia de celulite. É estranho: você nunca tinha observado, mas, agora, olhando bem, descobre estrias, manchas e até mesmo um insuspeitíssimo pano branco. Pra comparar com a bundinha da primeira adolescente com que você cruzar na praia, vai ser um passo. Pra sair de casa, também.

Você começa a fazer a mala pra se mandar. Ela arma o maior escândalo: grita, ameaça se matar, se descabela toda, tranca as portas e janelas com cadeado e engole a chave. Chegou a hora de você dar o ultimato: só vai ficar em casa se ela prometer se comportar direito, isto é, não ficar querendo saber onde você passa as noites, como é o nome daquela bandida que vive ligando de madrugada e o porquê daquele sabonete com nome de motel no banco traseiro do carro. Ela aceita. Mas pede, pelo amor de Deus, pra você só trepar de camisinha.

Com o salvo-conduto da patroa, você agora é um novo homem. Fez sombra e mijou sentada, não tem jeito, você está comendo. Seu Santana Quantum já é conhecido como marmita: entrou, é comida. O casamento de vocês é somente de aparências, mas ela não pode arranjar um amante. Pelo menos enquanto você estiver dentro daquela casa e pagando as despesas.

Seis meses depois vocês se convencem de que aquilo não é vida. E resolvem se separar numa boa, sem traumas, sem mágoas, sem baixarias, sem acusações levianas de filhadaputice, mau-caratismo ou infidelidade conjugal. Essas coisas as pessoas guardam para dizer depois, quando estiverem na audiência com o juiz ou desabafando com os amigos mais chegados.

Só existem duas maneiras de se separar as cuecas das calcinhas: a consensual e a litigiosa. A consensual é quando você deixa pra mulher todo o patrimônio acumulado pelo casal (o apartamento, a casa de praia, os dois carros, a lancha, o jet ski, os móveis, os eletrodomésticos, as obras de arte, a biblioteca, as apólices de seguro, as ações ordinárias, os fundos de aplicação e a caderneta de poupança), se compromete a ficar pagando 30% do salário (a título de pensão alimentícia) pelo resto da vida e vai embora somente com a roupa do corpo.

A litigiosa é exatamente igual a anterior, a não ser pelo fato de você querer sair de casa com algumas mudas de roupas. Além de correr o risco de ser assassinado por uma psicopata, você ainda tem de ouvir uma série de imprecações tipo "me respeita, seu puto, que eu não sou qualquer uma, pede pras vagabundas das tuas putas fazerem cota e comprarem essas merdas que você precisa, que desta casa você não leva caralho nenhum sem ordem judicial!".

Depois de consultar os classificados de cinco jornais diferentes e comparar o preço dos aluguéis com a grana disponível no bolso, você se vê obrigado a alugar um quarto numa pensão escrotérrima, na região do baixo meretrício. Já que está sem carro, resta o consolo de ficar morando no Centro. Na primeira noite que passa naquele pulgueiro, você medita profundamente sobre dois problemas metafísicos que lhe parecem fundamentais: o que fazer com tanta liberdade conquistada? E com a quantidade estúpida de baratas que tem naquela pocilga imunda?

Mas a prova de fogo do macho ocorre mesmo é na primeira semana. Pra passar o menor tempo possível no maldito pardieiro, você começa a se demorar na firma além do expediente, ou a ficar enchendo a cara pelos botecos até altas madrugadas.

Os comentários correm rápido como rastilho de pólvora em filmes de bangue bangue: "O fulano tá curtindo uma dor de corno lascada", "É, eu sempre achei a mulher dele bonitinha, mas ordinária", "Pô, tremenda sacanagem ela ter feito isso com um sujeito tão boa-praça!", "Pra tu ver, né? O cara se dedicava somente à família e olha só em que merda se meteu."

Os amigos mais chegados bem que tentam dar uma força: "Levanta a cabeça, rapaz, que chifre é igual dente, só dói quando nasce!", "Chifre foi feito pra macho, o boi usa de enxerido", "Isso acontece nas melhores famílias de Londres. Não vê o caso do príncipe Charles, do príncipe Andrew e do capitão Mark Philips?"

Em defesa da reputação da irmã, seus cunhados começam a frequentar os mesmos bares que você e espalhar que a causa da separação não foi ela lhe ter colocado chifre, que mulher de Bagé não é dessas coisas, foi ela tê-lo flagrado na cama com um amigo de infância. Eles aproveitam para mandar um recado: em Bagé, mulher não se separa, fica viúva.

Disposto a não deixar a merda feder ainda mais, você guarda um prudente silêncio. E pela primeira vez na vida compreende o que os filósofos gregos queriam dizer quando inventaram o estoicismo.

Três meses é o tempo limite pra jogar a toalha e tentar uma reconciliação. Suas roupas estão todas sujas, o quarto imundo, e você não tem mais saco pra comer conserva em lata. Aliás, as indústrias alimentícias conspiram contra os descasados: só sabem fazer porra de almôndegas, salsichas, feijoada, ervilha, milho verde, sardinhas, sopas instantâneas, seletas de legumes e outras baboseiras. Quando é que vão começar a oferecer um filé à Chateaubriand, um leitãozinho à pururuca ou uma lasanha à piemontesa? E onde é que está o Procon, que não vê essas coisas?

O que de pior pode acontecer com você é entrar de vez na perigosa "síndrome do arrependimento", cujos sintomas são abstinência sexual prolongada, combinada com sentimento de culpa no nível máximo e autoestima abaixo de zero.

Se nessa fase você não comer logo uma teenager (pra provar que ainda é macho e bom de cama), com certeza vai pedir penico e voltar pra casa. Um puta nocaute técnico, sem necessidade de abrir a contagem: agora o único comentário nos botecos é de que você aceitou o chifre e perdoou a vaca. Não adianta tentar explicar que não houve nada disso. Pro público externo o que interessa é a versão dos fatos, e isso a galera já se encarregou de espalhar.

Seis meses de separação. Vencido o período crítico, você descobre que a vida continua. O desconto de 30% no salário, também. É hora de bater a poeira e dar a volta por cima, ou seja, montar um novo apartamento a partir da estaca zero. Você começa pelo básico. Faz uma mutreta qualquer com o pessoal do Recursos Humanos da empresa, saca o FGTS e dá de entrada num quitinete ridículo, num desses conjuntos residenciais pra lá da casa do caralho. É claro que o apartamento é uma merda, mas é seu. Pelo menos, por enquanto.

O que você não sabe ainda é que a sua ex montou um verdadeiro exército de arapongas pra seguir seus passos 24 horas por dia. Ao saber da compra do quitinete, ela lhe telefona, ameaçando processá-lo por perjúrio. "Como é que você jura pro juiz não ter outras fontes de renda e seis meses depois compra um apartamento?", quer saber ela.

Você não sabe se conta a história do FGTS e fode a vida da empresa ou se bate o telefone na cara dela e vai em cana. Senhora absoluta da situação, ela propõe um acordo de cavalheiros: o reajuste da pensão para 50% do seu salário. Você descobre que a filha da puta não quer mais uma pensão: quer é um Maksoud Plaza, um Club Mediterranée inteiro, um World Trade Center particular. Você topa, já imaginando que a vida numa penitenciária deve ser bem pior.

Nove meses de separação. Apesar de tudo, você conseguiu economizar o suficiente para começar a mobiliar o apartamento. Com um detalhe: você só compra móveis de segunda mão e eletrodomésticos sucateados. Por exemplo, a geladeira que não fecha direito. O fogão todo enferrujado e com problemas no forno. A televisão com antena quebrada e sem botão de volume. O estofado de napa com aquele encosto descosturando. A cama largando o verniz e com marcas de cupim. Sua condução é um fusquinha caindo aos pedaços e sem toca-fitas.

Há uma explicação lógica para essa aparente loucura ou crise de sovinice: no caso de você se envolver com outra vaca e, depois de certo tempo, ela resolver ir morar contigo, quando pintar a separação inevitável restará o consolo de que sua nova ex só vai ficar com porcarias. Essa é a doce vingança de quem já perdeu tudo numa primeira vez e não quer marcar touca sustentando essas vagabundas no bem-bom.

Você morre de saudades dos filhos. Eles, não. Sua ex já tomou pra si a tarefa de convertê-los à seita dos parricidas. Os fedelhos só estão esperando uma oportunidade. É a época das pequenas chantagens sentimentais, das pequenas indiretas e das grandes cobranças veladas que vão, aos poucos, minando sua paciência, fodendo seu carinho de pai, enchendo o seu saco. Se você não der logo uma boa surra de pica na sua ex, vai acabar convencido de que é mesmo um patife de marca maior.

Por exemplo, mesmo que você sacrifique o encontro com uma morenaça escultural para levar os moleques ao circo, ao parque de diversões e ao cinema, nada disso vai fazer nenhum sentido quando o menorzinho perguntar: "Paiê, por que o senhor não volta pra casa?" E o maiorzinho responder: "Porque ele é um grande filho da puta!"

A garotinha do meio, entretanto, sempre vai ficar do seu lado. Ou pra se vingar da mãe (ver complexo de Electra em algum manual freudiano) ou pra lhe extorquir uma dezena de Barbies, discos da Xuxa, pochetes da Angélica e ingressos para todos os shows do Tiririca. Agora tem o seguinte: experimente, um dia, contrariá-la. Você vai descobrir que, além do nome, ela herdou outra coisa da jararaca que você chamava de sogra: capacidade de odiá-lo pelo resto da vida.

Um ano de separação. Você resolve comemorar a boa nova com os amigos, mas, inexplicavelmente, de madrugada, completamente bêbado, insiste para um deles deixá-lo na casa da sua ex. Os caras estranham. Você explica que é jogo rápido, só vai pegar uma revista Exame e assinar o boletim da garotada. Eles vão, mas resolvem ficar lhe esperando. Você estrila: "Que intimidade é essa, pô?" Compreensivos, seus amigos querem saber se você está bem, se não está com febre ou com *delirium tremens*, se precisa de dinheiro para o táxi, se não é melhor voltar outro dia, essas coisas, e decidem se mandar, um cutucando o outro, fazendo piadinhas irônicas e se esbaldando de rir.

Você ainda tem a chave da casa e entra, com o coração aos pulos. O pau, também. No quarto do casal, você acende a luz. Ela dorme o sono dos justos, de camisola transparente e com a sua calcinha favorita, aquela Valisère cor de vinho, com rendas e telas bem provocantes. Por alguns segundos você chega mesmo a pensar que a sacana devia estar esperando pelo Ricardão. E resolve se vingar. Agora você vai ser o Ricardão do Ricardão.

Ela acorda sem acreditar que é você, em carne e osso. E só vai acreditar depois que começar a chupar seu pau. O desfecho é simplesmente o maior espetáculo pornográfico da face da Terra. Parece que colocaram, na mesma cela, uma ninfomaníaca e um tarado. Vocês trepam a noite toda, de todo jeito, como se estivessem participando de um filme sueco de putaria: ela, por causa do atraso; você, porque envernizou. Seu pinto fica escalavrado, a xereca dela idem e o quarto lembra uma rua de Miami devastada por um furacão. Ela só sai de cima do seu pau por dois motivos: pra tirar o telefone do gancho e não ser interrompida ou pra deixá-lo fazer pipi. Fora isso, é uma fodelança só, com direito a *slow motion* das melhores cenas de sexo explícito e implícito, explícito e implícito, explícito e implícito.

De manhã cedo, quando tentava puxar um ronco, vem o *grand finale*: você é, literalmente, expulso de casa sem nem mesmo ter visto o boletim das crianças. É que ela morre de vergonha do Júnior descobrir que o filho da puta do pai voltou a comer a vagabunda da mãe. Você vai embora, a contragosto, mas vai. De qualquer maneira, é óbvio, pelo menos resta a certeza de que agora você já sabe que tem uma xoxotinha disponível na hora que quiser e quando bem entender. Para alguma coisa tinha que servir aquela pensão alimentícia.

Dois anos de separação. Você agora está vacinado. Conseguiu montar um apartamento de verdade, comprou um carro do ano pelo consórcio, foi promovido na firma, voltou a dar aulas em colégios noturnos da periferia (os locais de maior concentração de lebres da cidade), está com tudo e não está prosa. Faz seis meses que não come mais a ex. Ela só topava continuar te dando se você voltasse pra casa, definitivamente. O Júnior já estava até fazendo análise com um psiquiatra infantil para se acostumar com a ideia. Você, não.

Ora, bolas, se daquela fruta você já tinha comido até o caroço, por que ficar perdendo tempo e dinheiro com pombadas manjadérrimas quando há tantas vagabundas diferentes querendo dar pra você? Não dá, né mesmo? Seja feliz enquanto está vivo, pois você vai passar muito tempo morto. Mas não diga dessa água não beberei. Mantenha a chave da casa da vadia no seu chaveiro particular. Qualquer eventualidade, quem sabe, você está de novo ali, com força total, mandando ver. Ou pedindo pra virar.

Demorou, mas você voltou a ser um emérito abatedor de lebres e não quer nem ouvir falar em porra de compromisso sério. Seu único compromisso sério é comer uma mulher diferente por semana e contar pros amigos. Você não é escritor nem viado, mas, a exemplo de Proust, anda em busca do tempo perdido: comendo todas as bocetas que o destino ficou lhe devendo nos últimos dez anos.

É uma tarefa hercúlea, que exige perfeito condicionamento físico e mental, uma boa dose de sorte, talento e desprendimento. Claro que você não é um morredor qualquer e vai à luta. O verdadeiro macho sabe que quem não come nessa vida será comido na outra.

Não sei quantas bocetas depois, você é apresentado a uma mocinha recatada numa festa do arromba. Você percebe que ela não é como as outras porque, quando cruza as pernas, faz questão absoluta de não mostrar a calcinha. Seus sensores internos disparam, você liga o piloto automático e busca uma aproximação suicida.

C'est la vie: vai começar tudo de novo.

Boa sorte, bicho, mas responda uma pergunta: para que manter um cachorro em casa, se você mesmo pode latir?

Bibliografia

Livros

Barash, David P. e Lipton, Judith Eve. *O mito da monogamia*. Record. 2007.
Coria, Clara. *Sexo oculto do dinheiro: Formas de dependência feminina*. Rosa dos Tempos. 1996.
Diversos. *O livro do amor*. Editora Busca Vida.
Gallotti, Alicia. *Kama sutra do sexo oral. Os segredos do prazer para ele e para ela*. Planeta. 2006.
Gikovate, Flávio. *Homem: o sexo frágil?*. MG Editores. 6ª edição, 1989.
Hooper, Anne. *Sexo sem limites*. Gente. 2008.
Itzutsu, Toshihiko. *Le Koan Zen: Essai sur le bouddhisme Zen*. Fayard. 1978.
Leal, Otávio. *Maithuna: Sexo tântrico*. Alfabeto. 2004.
Linnsen, Robert. *Amour, sexe et spiritualisme*. Le Courrier du Livre.
Maddox. *The alphabet of manliness*. Citadel; expanded edition, 2009.
Mansfield, Harvey C. *Manliness*. Yale University Press. 2007.
Max, Tucker. *I hope they serve beer in hell*. Citadel. 2006.

Molloy, John T. *Por que os homens se casam com algumas mulheres e não com outras?*. Sextante. 2005.
Moura, Fátima. *Sexo, amor e sedução*. Harbra. 2006.
Munier, Jacques. *L' Âge d' amour*. Stock.
Ovídio. *A arte de amar*. Ediouro.
Penn, Nate e Larose, Lawrence. *The code: Time tested secrets for getting what you want from women – Without marrying then!* Fireside. 1996.
Perel, Esther. *Sexo no cativeiro: Driblando as armadilhas do casamento*. Objetiva. 2007.
Zinczenko, David & Spiker, Ted. *Homens, amor e sexo*. Sextante. 2008.

Revistas e jornais

Ana Maria, Atrevida, Brecha, Bundas, Careta, Carícia, Casseta Popular, Claudia, Contigo!, Cosmopolitan, Crisis, Elle, Época, Esquire, Folha de S. Paulo, Gallery, Girl's Life Magazine, Homem, Hooters, Hot Girls, Hustler, IstoÉ, Jornal do Brasil, Leg World, Life, Maxim UK, Men's Health, Nova, O Estado de S. Paulo, O Globo, Palavra, Papa Figo, Paparazzo, Pasquim, Penthouse, Perfect 10, Piauí, Planeta Diário, Playboy, Private Eye, Realidade, Sétimo Céu, Seventeen, Sexy, Status, Stuff, Teen People, Time, Trip, Veja e Vip.

Web

Consultas realizadas em mais de 27 mil e-mails de sacanagens variadas, enviados de 17 estados, na forma de scraps, spams, malwares e outras putarias do gênero.

Impresso nas oficinas da
SERMOGRAF - ARTES GRÁFICAS E EDITORA LTDA.
Rua São Sebastião, 199 - Petrópolis - RJ
Tel.: (24)2237-3769